謎の豪族 蘇我氏

水谷千秋

文春新書

495

『謎の豪族　蘇我氏』目次

はじめに

大学生のころ初めて訪れて以来、飛鳥には数えきれないほど来ている。そのたびに必ず訪れるのが飛鳥寺だ。西暦五八八年に蘇我馬子によって発願された、日本最古の本格的な寺院である。残念ながら創建時の伽藍は鎌倉時代に焼亡し、今あるのは江戸時代に造られた安居院《あんごいん》という小さな寺院だが、止利仏師が製作したという本尊の釈迦如来像は、火災のさなかに救い出され、いくたびかの補修を経て今日この寺に残されている。国内最古の仏像とされる、飛鳥大仏である。

この寺では、いつも初老のガイドさんが元気のいい声でこの本尊の説明をしてくださる。他のお客さんと一緒に本堂の畳に座って、この案内を聞くのも毎度のことだ。考えてみれば私たちが間近に仰ぐこの仏像を、推古天皇も厩戸《うまやど》皇子（聖徳太子）も蘇我馬子も拝んだのである。

説明が終わると、もう一度本尊に手を合わせ、履物をはいて本堂を降りた。狭いこの寺の境内を西へ出ると、かたわらに蘇我入鹿の首塚とよばれる古い小さな石塔がある。飛鳥板葺宮で殺された入鹿の首がここまで飛んだのを埋葬したのだという。もちろん後世の伝説ではあるけ

〈飛鳥宮とその周辺の遺跡〉 は丘陵地帯

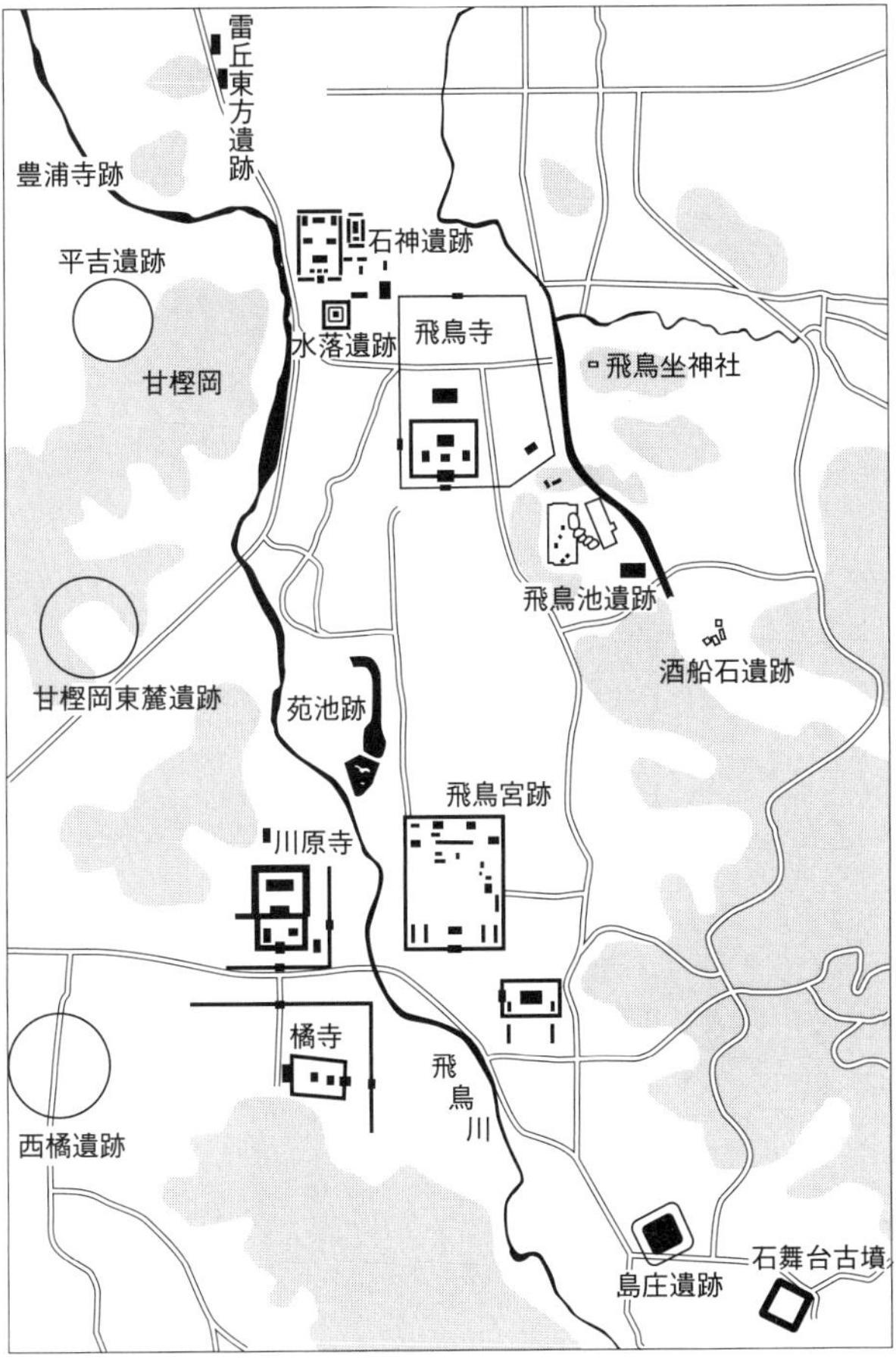

れども、少し前までは田んぼのなかに侘しく立っている姿に趣きを感じた。今ではこの道も舗装され、歩きやすくはなったがやや風情が失せた気もする。私は石塔の前に腰を下ろし、非業の死を遂げた入鹿の霊を思って手を合わせた。

入鹿が殺されたという飛鳥板葺宮は、ここからすぐ五、六百メートル南に行ったところとされている。西暦六四五年、皇極天皇の御前で行なわれた三韓朝貢の儀式の場で、入鹿は突然中大兄皇子、中臣鎌足らに斬りつけられ、殺された。雨がしたたかに降った日であった。入鹿の死体は大極殿の庭に捨てられ、上に蓆《むしろ》がかぶせられた。激しい雨がその上にたたきつけた。

大和政権の事実上の最高実力者を公式の場で斬殺したクーデターは、こうしてひとまず成功した。しかし入鹿の父、蝦夷はまだ私邸に健在である。他の豪族たちがどういう動きを見せるかもわからない。中大兄皇子や中臣鎌足らは、凶行の後ただちに飛鳥寺に籠った。往時の飛鳥寺は、今とは比較にならないほど広大な寺域をもっていた。来るべき戦さに備えて、彼らはこの巨大で堅牢な寺院を城郭として利用する肚だったのである。この寺は元来蘇我氏の氏寺であり、この国の仏教の中心でもあった。改新派がこの寺を占拠したのは、蘇我氏の精神的な支柱を奪い取る意味もあったのであろう。

合掌を終えて立ち上がると、眼前には甘樫岡《あまかしのおか》がそびえ、その下を飛鳥川が流れている。甘樫岡には蘇我氏の豪壮な邸宅があった。また私の立っているところから飛鳥川までの間には、か

入鹿首塚（左）**と飛鳥大仏**（写真・奈良文化財研究所）

って大きな槻《つき》の木があった。この大槻の下の空間は、飛鳥の聖なる広場であった。中大兄皇子と中臣鎌足が出会った蹴鞠の会はここで行なわれたとされるし、発足したばかりの新政権の面々が一堂に会し、天皇への忠誠を誓い合ったのもここだった。この槻の木は往時、飛鳥のシンボル的な存在であったが今はない。ただたっぷりの水を湛えた夏の青田が私の前に拡がっている。

　クーデターののち動向が注目された諸皇子・王族・豪族たちは皆、すみやかに飛鳥寺に入った。唯一、蘇我氏の配下にある渡来系の倭漢氏《やまとのあやうじ》のみが蘇我蝦夷に従ってクーデター軍に抵抗しようとしたが、説得を受けて最後には投降した。

　敗北を悟った蝦夷は邸宅に火を着け、自殺

して滅んだ。一九九四年、甘樫岡から西南八百メートルほどの中腹で、七世紀半ばの炭化した建築部材や焼けた壁土が発掘されている。これが蝦夷の邸宅の一部なのであろう。中大兄皇子も中臣鎌足も、私の今立っている飛鳥寺から蝦夷の邸宅を見上げ、やがてこの丘から火の手が上るのを驚きをもって望み見たはずである。これが栄華を誇った蘇我氏本宗家の滅亡であった。以来、日本の歴史上、蘇我氏ほど悪名を伝えられた豪族も珍しい。こののち蘇我氏は一貫して「逆賊」として扱われてきた。その淵源は『日本書紀』の記述にある。蘇我本宗家を滅ぼした「大化の改新」を正当化するため、『日本書紀』は蘇我蝦夷・入鹿父子を「逆賊」として描写した。また厩戸皇子を聖人として描く一方で、蘇我馬子の業績を過小に記録したきらいがある。

しかし蘇我氏は日本古代史における最大の豪族であり、大和政権の発展に最も大きく寄与した豪族である。この氏が仏教を始めとする大陸文明の受容に主導的な役割を果たしたことも忘れてはならない。

宣化朝から欽明朝に大臣《おおおみ》を務めた蘇我稲目《いなめ》、その子で敏達・用明・崇峻・推古の四代に大臣として仕えた蘇我馬子、その子で舒明朝から皇極朝に大臣を務めた蘇我蝦夷、皇極朝には父蝦夷を凌ぐ権力を手に入れた入鹿と、四代にわたって蘇我本宗家は大和政権の屋台骨を背負ってきた。蘇我氏なくして日本の古代史は語りえないのである。

しかし、近代歴史学がこの国に開けてからも、蘇我氏の本格的な研究は長く行なわれてこなかった。戦前は一貫して逆賊とされてきたし、戦後もしばらくはこの氏を専門的に研究する学者はいなかった。昭和二十九年に日野昭氏が論文を発表したのが最初で、以後もしばらくはほとんど日野氏ひとりが蘇我氏の実証的な研究を続けていた。

日野昭氏の研究が現われて以来五十年の間に、蘇我氏に関する研究は長足の進歩を遂げた。この間の考古学の発達もめざましいものがあった。飛鳥寺の発掘が行なわれたのは昭和三十二年のことだったが、その後飛鳥各地の発掘が進められ、古代の遺構もずいぶん明らかになってきた。

ただ蘇我氏の実像はいまだ霧の中に隠れて見えないところも多い。その出自に関しても渡来人説があり、葛城氏の後裔であるとする説がある。急速な台頭の背景に何があったのかも判然としないし、他の氏族が多く反対した中で独り仏教受容に積極的だった理由もよくわからない。蘇我馬子が配下の倭漢氏に命じてやらせたという、崇峻天皇殺害事件にも謎が多い。

馬子と厩戸皇子や推古天皇との関係はどのようなものだったのかについても様々な説がある。戦後間もないころ作家坂口安吾は、「蝦夷入鹿は自ら天皇を称したのではなく、一時ハッキリ天皇であり、民衆がそれを認めたのだ」(「飛鳥の幻」『文藝春秋』昭和二十六年六月特別号)と言った。今また専門の歴史学者に蘇我馬子は天皇だったという人が現われている。一方で、蘇我氏はあくまで王権に依存・寄生する氏族であって、彼らが大王家に対抗し、自ら天皇になろうと企てたなどとは考えられないという主張もある。果たして真相はどうなのだろうか。

今日訪れた入鹿の首塚には、意外にも一叢の野花が供えられていた。どのようなひとが手向けられたのかはわからないが、暖かい心遣いが私にはうれしく思えた。人々の心に長く棲みついた蘇我氏への偏見も、ようやく雪解けの時期を迎えようとしているのだろうか。

本書では『日本書紀』や『家伝』(『藤氏家伝《とうしかでん》』)を始めとする文献史料、近年めざましい考古学の成果、先学たちの貴重な研究の蓄積などを基に、できるだけ公平な立場で蘇我氏の全体像を探ってみたい。蘇我氏を逆賊とする古くからの先入観をできるだけ排し、自由な目で歴史を見つめていきたいと思う。

が、言うは易く行なうは難しい。知らず知らず天皇中心で歴史を見てしまう弊は、戦後の歴史学にも残っている。といって蘇我氏の存在を過大に評価し、あらゆることを蘇我氏中心に捉えてしまうのも天皇中心史観の裏返しにすぎないだろう。また、『日本書紀』などの史料批判は厳密でなければならないが、そのことと行き過ぎた史料の深読み、ウラ読みとは別である。史料批判が後者に淫すると、どうしても恣意的な論証に陥ってしまう。残念ながら、近年想像と仮定を積み重ねて創りあげたとしか言いようのない古代史叙述をしばしば目にするが、これも行き過ぎた史料の深読み、ウラ読みから来るものであろう。私自身もそうしたことを他山の石とし、自らに戒めながら以下の稿で蘇我氏の実態に迫っていきたい。

第一章　蘇我氏四代

長寿の人・武内宿禰

蘇我氏の始祖とされるのは、武内宿禰《たけしうちのすくね》という人物である。『古事記』によると、この人物は第八代孝元天皇の孫で、父は比古布都《ひこふつ》押之信命《おしのまことのみこと》であるとされている。〈系図1〉にあるように、彼には九人の子があり、そのうち七人から二十七の氏族が分かれ出たとされる。これらを武内宿禰後裔氏族とよんでいるが、このうち蘇我石河宿禰の後裔とされるのが蘇我氏である。

もちろん武内宿禰や孝元天皇や蘇我石河宿禰が実在の人物とは考えにくく、あくまで伝承上の存在と考えるべきであろう。しかし彼らを共通の祖と仰ぐ二十七もの豪族がいたことは紛れもない事実である。擬制的な系譜ではあっても、蘇我氏を盟主とする一大同族系譜が形成されていたことは重要な事実といわなければならない。

武内宿禰は今では知る人も少ないが、戦前は紙幣の顔としても知られていたから歴史上有名な人物だった。景行・成務・仲哀・応神・仁徳の五代の天皇に大臣として仕え、三百歳を超え

〈系図1〉武内宿禰の系譜

孝元天皇—比古布都《ひこふつ》押之信命《おしのまことのみこと》

- 甘美内宿禰《うましうちのすくね》
- 武内宿禰
  - 波多八代宿禰（波多臣・林臣・波美臣・星川臣・淡海臣・長谷部君の祖）
  - 許勢小柄宿禰（許勢臣・雀部臣・軽部臣の祖）
  - 蘇我石河宿禰（蘇我臣・川辺臣・田中臣・高向臣・小治田臣・桜井臣・岸田臣等の祖）
  - 平群都久宿禰（平群臣・佐和良臣・馬御樴連等の祖）
  - 木角宿禰（木臣・都奴臣・坂本臣の祖）
  - 久米能摩伊刀比売
  - 怒能伊呂比売
  - 葛城長江曾都毘古（玉手臣・的臣・生江臣・阿芸那臣等の祖）
  - 若子宿禰（江野財臣の祖）

た長寿のひとであったとされる。『記・紀』それぞれに彼に関する記事はみえるが、物語的な内容は『日本書紀』のほうが多い。これによると彼は景行天皇三年に生まれ、同五十一年に「棟梁之臣」、成務天皇三年に「大臣」に任命された。仲哀天皇九年に神罰に当たって天皇が急死すると、以後、摂政を務めた神功皇后を補佐したとされる。応神天皇九年条には、筑紫に派遣されている間に弟の甘美内宿禰《うましうちのすくね》によって謀反の讒言をされてしまうが、探湯《くがたち》によって潔白を

1945年発行開始、46年通用停止となった丙二百円券。肖像は武内宿禰
（日本銀行金融研究所 貨幣博物館蔵）

証明したという物語もある。そして「仁徳紀」五十年条に、雁の卵が産まれた吉祥について天皇と歌をやりとりしたという記事が、名前のみえる最後である。不思議なのはこれだけ活躍をした人物なのに死亡記事がないことだ。推測するに、これは「長寿の人」というイメージを守るためなのであろう。

その人間像の特徴として、日野昭氏は、

一、初代の「大臣」として歴朝に忠実に仕えた。
二、在官二百四十余年、五朝に仕えた最長寿の人。
三、神功皇后の「三韓征討」にあたって皇后を補佐し、審神者《さにわ》（神託の解釈をする霊媒者）として活動した。

の三点をあげている。

武内宿禰のモデル

古く津田左右吉は、武内宿禰のモデルとして蘇我馬子を想定した。この見解はその後、志田諄一氏、直木孝次郎氏などによって支持されている。蘇我氏は武内宿禰の後裔氏族であるし、とくに馬子は敏達・用明・崇峻・推古と四朝に大臣として仕えた点で、武内宿禰の人物像と重なる。武内宿禰の伝承が、蘇我氏の始祖伝承として膨らんでいったことは間違いあるまい。このほか中臣鎌足を武内宿禰のモデルとしてあげる説もある（岸俊男氏）。その根拠としてあげられているのが、『続日本紀』慶雲四年（七〇七）四月条に見える藤原不比等に対する文武天皇の宣命（和文体で記した詔《みことのり》）である。

難波大宮《なにわのおおみや》に御宇《あめのしたしらしめ》しし掛《か》けまくも畏き天皇命の、汝《みまし》の父藤原大臣の仕へ奉りける状《さま》をば、建内宿禰命の仕へ奉りける事と同じ事ぞ、と勅《の》りたまひて治め賜ひ慈《うつくし》び賜ひけり。

——難波大宮に天下をお治めになった、思うだけで恐れ多い孝徳天皇に、汝の父藤原鎌足が仕えたありさまは、（かつて）建内宿禰命が歴朝の天皇に仕えたのと同じ事であるぞ、と勅されて治められ、慈しまれた。

不比等の父鎌足が孝徳天皇に仕えたありさまは、かつて武内宿禰が代々の天皇に仕えた忠実さに匹敵するというのである。

これをみると、たしかにこのころに中臣鎌足と武内宿禰の人物像が重ね合わせられていたことは確認できる。ただこれは、それ以前に既に武内宿禰に関する伝承がある程度定着していたことが前提となるであろう。このころになると、武内宿禰の存在は蘇我氏ら二十七氏の始祖という立場を越え、特定氏族に偏しない「理想の臣下」として尊敬を集めていたものと推測されるのである。

黎明期の蘇我氏

蘇我氏の起源はこのように武内宿禰に始まるとされるが、実質的にはその子の蘇我石河宿禰が初代である。この人物の後裔とされるのが、蘇我臣《そがのおみ》・川辺臣・田中臣・高向臣《たかむこのおみ》・小治田臣《おわりだのおみ》・桜井臣・岸田臣の七氏で、これら七氏は実際に蘇我氏と血縁関係にある氏族と見ていいだろう。『記・紀』において蘇我という姓を名乗る最初の人物は、「履中紀」二年条にみえる「蘇賀満《ま》智《ち》宿禰」で、「平群木菟《へぐりのつく》宿禰」、「物部伊莒弗大連《もののべのいこふつのおおむらじ》」、「円大使主《つぶらのおおおみ》」の四人で、「共に国事を執れり」とある。次に見えるのが「雄略紀」九年三月条の「蘇我韓子《からこ》宿禰」で、紀氏や大伴氏の人物らと共に新羅遠征に派遣されたが、内紛のため現地で殺害されたという伝承がある。

そしてその次にみえるのが、「宣化紀」元年条に「大臣」就任を伝える蘇我稲目である。しかし『記・紀』の記述は、満智宿禰と韓子宿禰と稲目の三人がどういう系譜関係にあるのか、全く教えてくれない。

そこで『公卿補任《くぎょうぶにん》』の「蘇我石川系図」などの系譜をみると、

武内宿禰—蘇我石河宿禰—蘇我満智—韓子—高麗—稲目

という系譜が記されている。ただしこれらの系譜は平安時代のものであるから、全面的に信が置けるかどうかはわからない。このなかにみえる名前のうち、「高麗《こま》」は『記・紀』いずれにも見えない。しかし『紀氏家牒《きしかちょう》』(平安初期成立)を参照すると、「馬背《うませ》」の別名としてこの名前が記されている。この「高麗(馬背)」の子が系図では稲目とされているのである。

このように、稲目以前の蘇我氏は『記・紀』にはわずかしか登場せず、きわめて影が薄い。稲目以降、蘇我氏は急速に台頭するけれども、それ以前のこの氏の実像は謎に包まれているのが実態だ。蘇我氏＝渡来人説や蘇我氏＝葛城氏支族説などが唱えられる所以である。

台頭の背景

蘇我氏の出自とともに、その台頭の背景も明らかにはされていない。『日本書紀』によると六世紀半ば近く、蘇我稲目が宣化天皇の即位に際し、初めて「大臣」に任命された。当時、大伴金村と物部麁鹿火《あらかい》が大和政権の執政官たる「大連」の地位にあったが、これと並ぶ地位に稲目が新たに加わったのである。これが蘇我氏躍進の始まりであるが、このときなぜ稲目が大臣に抜擢されたのか、文献は直接は何も語っていない。いくつかの説がこれまでも出されたが、私も『謎の大王 継体天皇』（文春新書）で憶測を述べた。この点について、次章で改めて詳しく考察したい。

蘇我氏が台頭した契機のひとつに、彼らが朝廷の財政を担当し、大きな功績をあげたことが推定されている。『古語拾遺』雄略天皇段には、「蘇我麻智宿禰」が「三蔵《みつのくら》（斎蔵《いみくら》・内蔵《うちつくら》・大

〈系図2〉 蘇我氏の系譜

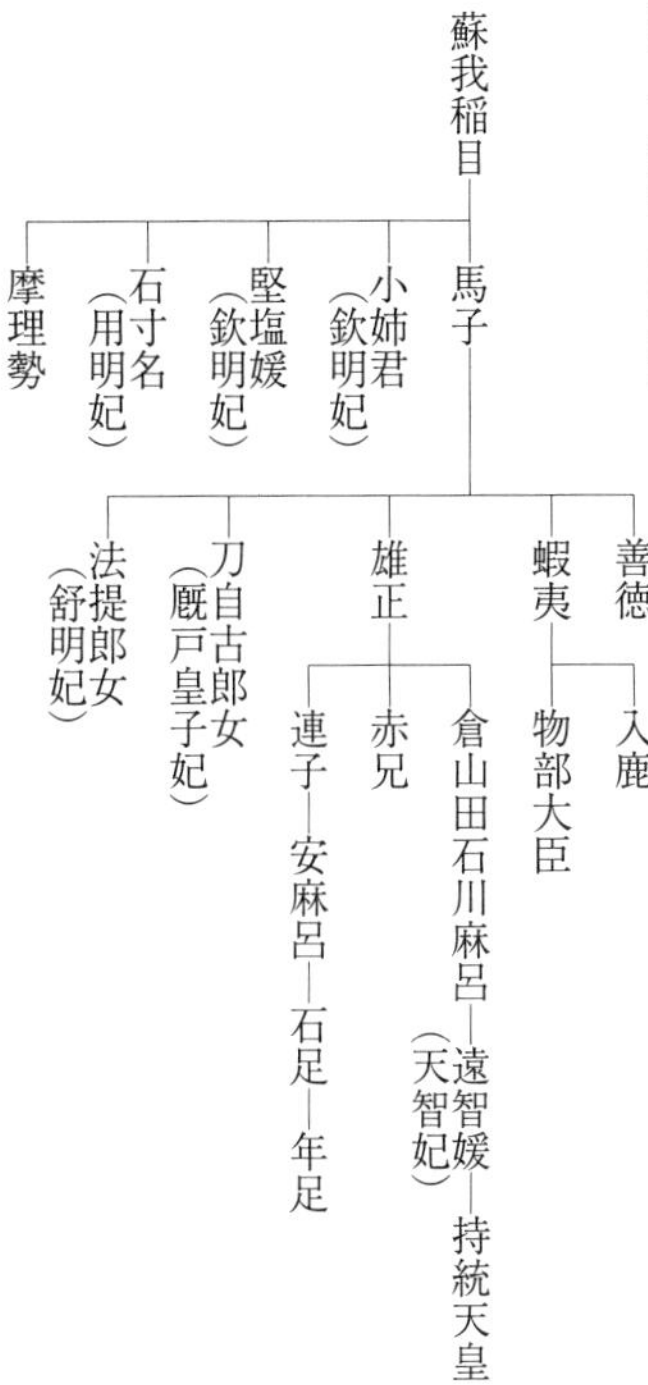

蔵)」の「検校」(管理・監督)を任されたという伝承が記されている。「斎蔵」とは神宝や祭器を収めた倉、「内蔵」とは朝鮮諸国からの貢納物を収めた倉、「大蔵」とは国内からの貢納物を収めた倉とされる。雄略朝に、蘇我氏がこれら三種類の倉(「三蔵」)の管理を任されたというのである。

これがどれほど史実を伝えているかは明確でないけれども、蘇我氏が古くから朝廷の財政に関与してきた史実を踏まえているのであろう。

稲目の時代、蘇我氏は飛躍的な発展を遂げた。彼は娘の小姉君《おあねのきみ》と堅塩媛《きたしひめ》を欽明天皇に嫁がせた。その結果、小姉君が五人、堅塩媛が十三人の子どもを産み、稲目を外祖父にもつ皇子・皇女は全部で十八人生まれ、うち皇子は十一人に上った。このなかから用明・崇峻・推古と三人の大王(天皇)が生まれる。日野昭氏は当時の王権を「蘇我氏親族王権」と形容しているが、まさにそうした状況であった。

本来、大王と姻戚関係が結べるのは、葛城氏や和邇《わに》氏、息長《おきなが》氏といった臣姓や君姓の豪族に限られており、いくら実力があっても大伴氏や物部氏のような連姓の豪族から妃が出るのはむずかしいことだった。この点、臣姓ではあってもほとんど新興豪族といってよい蘇我氏がどういう経緯で欽明に二人の后妃を入れることができたのか、この点も謎として残されている。これ以来、大王家と蘇我氏の姻戚関係は急速に親密になり、両者は結びつきを強めていく。

仏教伝来

欽明朝の出来事として逸することのできないのが、仏教伝来である。紀元前五世紀ころ、釈迦によって創始されたこの教えが中国に伝来したのは前漢の時代、紀元前後ころであった。その後、朝鮮半島へは四世紀後半に高句麗、六世紀初頭に百済に伝来し、新羅へは五世紀前半に私伝し、六世紀初頭に公伝した。

倭国へは、百済の聖明王から欽明天皇へ「釈迦仏金銅像一軀《く》・幡蓋若干・経論若干巻」が贈られたのが、最初とされる。これが『日本書紀』では欽明天皇十三年（壬申）、すなわち西暦五五二年のこととされているのに対して、『元興寺伽藍縁起』や『上宮聖徳法王帝説《じょうぐうしょうとくほうおうていせつ》』では、欽明七年（戊午）すなわち西暦五三八年と記している。

当時の百済は新羅との厳しい戦いに直面していた。苦しい戦局を打開するため、倭国に対ししきりに援軍を要請していたが、仏教を伝えたのはその見返りの意図があったと推定されている。

しかし贈られた倭国では、必ずしもこの新しい教えを歓迎したわけではなかったらしい。『日本書紀』や『元興寺伽藍縁起』をみると、このとき豪族間でくり広げられたとされる崇仏論争が詳しく記されている。

欽明朝の崇仏論争

『日本書紀』欽明天皇十三年十月条によると、百済の使者から仏教について説明を受けた天皇は、「歓喜踊躍して」、「朕、昔よりこのかた未だ曾て是の如き微妙なる法を聞くこと得ず（朕は昔から今までこれほどすばらしい教えを聞いたことがなかった）」と喜んだ。しかしこれに続けて「然れども、朕自ら決《さだ》むまじ（けれども朕一人では決めないでおこう）」と言って、群臣らの意見を聞くことにした。

群臣に歴問して曰く、「西蕃の献りし仏の相貌、端厳にして全く未だかつて看《み》ず。礼すべきや不《いな》や」

——群臣それぞれに尋ねて言われるには、「西蕃の国・百済が献上した仏の容貌は荘厳で美しく、今まで全く見たことがないものだ。礼拝すべきか否や」

これに対し、蘇我稲目は、

「西蕃の諸国、一《もはら》に皆礼す。豊秋日本《とよあきづやまと》、豈独り背かむや」

──「西蕃の諸国はみなこぞって礼拝しております。豊秋日本だけが、どうしてこれに背けましょうか」

と言って賛成した。しかし、物部大連尾輿《おこし》と中臣連鎌子は、

「我が国家の天下に王とましますは、恒に天地社稷の百八十神を以って、春夏秋冬、祭拝《まつ》りたまふを事《わざ》と為す。まさに今、改めて蕃神を拝すれば、恐らくは国神の怒りを致さん」

──「我が国家の天下に王となられる方は、常に天地の百八十の神々を春夏秋冬、お祭りすることを務めとされています。今、それを改めて外国の神を礼拝すれば、恐らくは国神の怒りを招くでありましょう」

として反対した。そこで天皇は、

「情願せし人、稲目に付して、試みに礼拝せしむべし」

──「情願している稲目にこの仏像を授けて、試みに礼拝させなさい」

として、ひとまず仏教賛成派の稲目に仏像を与えた。いわば折衷案である。そこで稲目は、

大臣、跪《ひざまず》いて受け、忻悦して、小墾田《おわりだ》の家に安置す。懃《ねんごろ》に出世の業を修め、因《よすが》として向原《むくはら》の家を浄捨して寺と為す。

——大臣は跪いてこれを受けて、たいそう喜んで小墾田の家に安置した。ひたすらに仏道の修行をし、これをよすがに向原の家を浄めて寺とした。

とあるように、向原（小墾田）にあった自宅を改造し、そこを仮の寺として仏像を安置したのであった。しかしその後、不幸な出来事が起こった。疫病の大流行である。

後に国に疫気《えやみおこ》行りて、民、夭残《ようざん》を致す。久にしていよいよ多く、治療あたはず。

——のちに国に疫病が流行し、民は若死にしていった。久しく病は続いて死者はいよいよ多くなり、治療はかなわなかった。

物部大連尾輿と中臣連鎌子は、これは仏教を受容したせいだと責め立てた。自分たちの主張を用いなかったから、このようなことになったのだ、速やかに元の状態に戻し、ただちに仏像

を捨て、ひたすら福を求めるべきであると主張した。天皇は、

「奏するに依れ」

――「奏したとおりにせよ」

と命じ、仏像は官司により難波の堀江に流し棄てられ、稲目の建てた伽藍には火が着けられ、焼き払われた。

以上が、一回目の崇仏論争の記事である。

敏達朝の崇仏論争

二度目は、欽明の子の敏達天皇の十四年の出来事とされる。稲目はすでに亡く、蘇我氏はその子の馬子の代となっていた。前年、百済から帰国した鹿深《かふか》臣が弥勒石像一体を持ち帰り、また佐伯連も仏像一体を海外からもたらした。二体の仏像を入手した馬子は、これを礼拝することのできる僧侶を求めた。そこで「鞍部村主司馬達等《くらつくりのすぐりしばたっと》」と「池辺直氷田《いけべのあたえひた》」の二人に「修行者」の探索を命じ、「四方」に派遣した。

すると播磨国にただ一人、かつて僧であったが今は還俗している高句麗出身の渡来人を発見

〈系図3〉天皇（大王）系譜

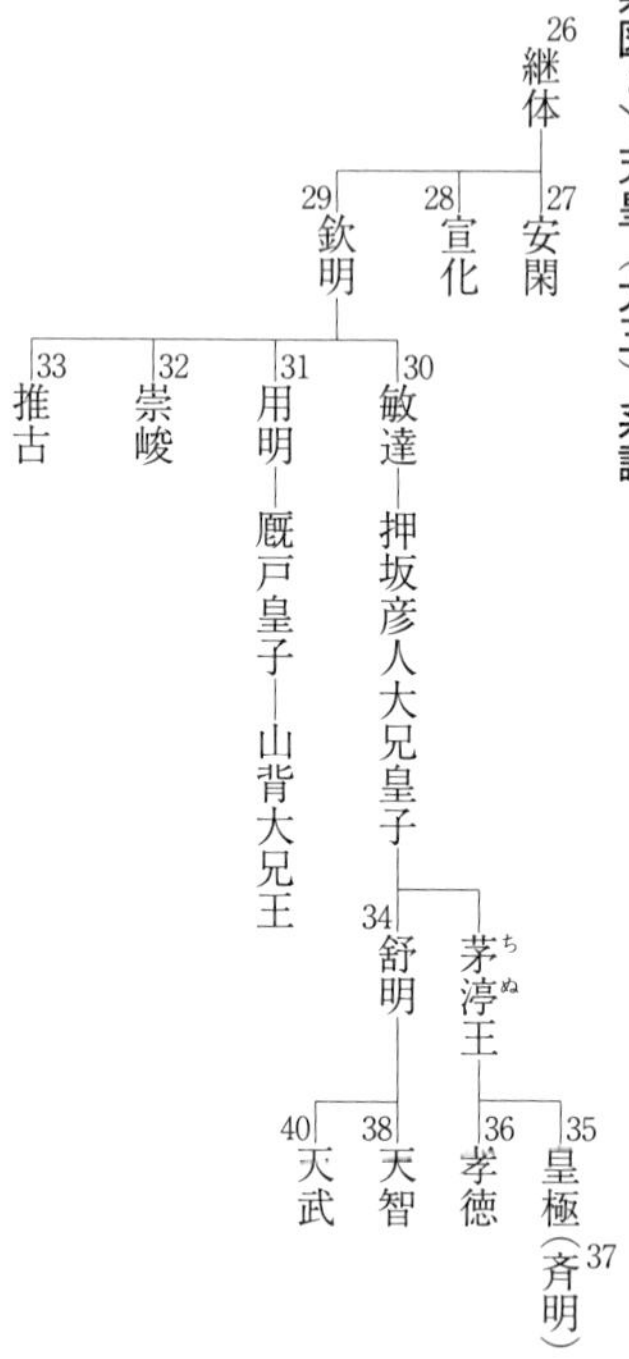

した。名を「恵便《えべん》」といった。彼はただちに馬子のもとによびよせられ、彼が師僧となって三人の少女が出家し、日本初の僧侶が誕生した。ひとりは司馬達等の娘、善信尼《ぜんしんに》（十一歳）、ふたりめは「漢人夜菩《あやひとやぼ》」の娘「豊女《とよめ》」（僧名、禅蔵尼）、もうひとりは「錦織壺《にしこりのつふ》」の娘「石女《いしめ》」、（僧名、恵善尼）である。いずれも渡来系豪族の娘であった。

馬子は自宅の東に仏殿を造り、そこに新しく得た仏像を安置して彼女らに祀らせ、法会を営んだ。このとき、斎食のなかから鉄よりも硬く、しかも自由自在に水に浮かぶ米が見つかった。

仏舎利である。この奇跡により馬子の信仰は益々高まり、石川の自宅に仏殿を造った。『日本書紀』はこれを以って、「仏法之初、これより作《おこ》れり」と記す。

翌年、馬子は仏塔を建て、その柱頭にこの舎利を埋納した。しかしその直後、馬子は病に倒れた。卜部《うらべ》（占い師）に問うと、父稲目が以前、難波の堀江に流し棄てた仏像の祟りだという。そこで馬子は天皇の許しを得て弥勒の石像を祭った。馬子の病は疫病だったのだろう。当時、国中に大流行し、死者も多く出たという。

かつて仏教受容に反対した物部氏と中臣氏は、この疫病を理由に再び天皇に対し仏教受容の中止を進言した。天皇がこれに同意すると、我が意を得た物部守屋大連は、馬子の建てた寺や仏塔を破壊して火を着け、仏像も難波の堀江に流してしまった。さらに三人の尼を拉致監禁して鞭を打った。しかし今度は逆に物部守屋と天皇が天然痘にかかった。全国でこの病が伝染し、人々は仏の祟りだとささやいたという。馬子自身も病が癒えず、このような奏上を天皇に行なう。

「臣の疾病、今に至るまで癒えず。三宝の力を蒙《こうむ》らずば、救ひ治むこと難し」

ここに馬子宿禰に詔して曰く、「汝独り仏法を行なふべし。余人は断つべし」とのたまふ。すなわち、三の尼を馬子宿禰に還付す。

――「私の病気は未だに治りません。仏教の力をいただかないと、治すことは難しいでありましょう」。そこで天皇は馬子に詔した。「汝ひとりで仏教を行なえ。他の人間には禁ぜよ」。こうして三人の尼を馬子のもとへ帰された。

用明朝の崇仏論争

こうして馬子の仏教崇敬は復活するのだが、その後すぐに天皇は天然痘により、崩御してしまう。新しく即位したのは、先帝の異母弟で稲目の外孫にあたる用明であった。蘇我氏の血をひく初めての天皇である。しかし用明朝に入っても馬子と物部守屋の対立はさらに激化し、これに皇位継承争いが絡んで朝廷はますます混迷の度を深めていく。

このような中、用明天皇もまた即位二年目に天然痘にかかる。天皇は、

「朕、三宝に帰《よ》らむと思ふ。卿等《いましら》、議《はか》れ」

――「朕は仏に帰依しようと思う。群臣らで合議せよ」

と述べた。しかし物部守屋と中臣勝海とは、相変わらず仏教受容に反対する。

「何ぞ国つ神に背きて、他の神を敬ふ。由来《もとより》、かくのごとき事を識らず」

――「どうして国つ神に背いて、他国の神を敬われるのか。今までこうしたことは聞いたことがございません」

蘇我馬子は、

「詔に随ひて助け奉るべし。たれか、異《け》なる計《はかりごと》を生まむ」

――「詔に従って天皇をお助けすべきだ。誰がこれに異なる計りごとを持とうというのか」

と言って、天皇の意思に沿うよう求めたが、ここでも会議は紛糾した。

蘇我・物部戦争

しかし結局、即位二年目に用明も亡くなってしまう。その後継に馬子は甥の泊瀬部《はつせべの》皇子（のちの崇峻天皇）を推し、対抗する守屋は穴穂部《あなほべ》皇子を推した。馬子は、先帝敏達の大后だった豊御食炊屋姫《とよみけかしきやひめ》（のちの推古天皇）を前面に立て、その命令を受けるかたちで諸豪族を率い、穴穂部皇子らを襲い殺した。

蘇我馬子宿禰ら、炊屋姫尊を奉りて佐伯連丹経手《にふて》・土師連磐村《はじのむらじいわれ》・的臣真嚙《いくわのおみまくい》に詔して曰く、

「汝ら兵を厳《よそ》ひて速く往きて穴穂部皇子と宅部《やかべ》皇子とを誅殺《ころ》せ」と曰ふ。

――蘇我馬子宿禰らは、炊屋姫尊を奉じて、佐伯連丹経手・土師連磐村・的臣真嚙に詔して
「汝らは兵を装備してすぐに出立して穴穂部皇子と宅部皇子とを誅殺せよ」と言った。

ついで泊瀬部皇子、厩戸皇子、竹田皇子、難波皇子、紀氏、巨勢氏、膳《かしわで》氏、葛城氏、大伴氏、阿倍氏、平群氏、坂本氏、春日氏らとともに物部一族と戦い、これを滅ぼした。こうして崇峻の即位が実現したのである。


このとき戦いに参加した当時十四歳の厩戸皇子は、戦さの合間に白膠木《ぬりで》を彫って小さな四天王の像を作り、これを髪に挟んで、

「今もし私を敵に勝たせてくださるならば、必ず護世四王の為に塔を建立いたしましょう」

と誓ったという。馬子もまた戦さに臨んで、

「およそ諸天王、大神王たちよ。我を助け衛《まも》って勝利を与えてくださるならば、諸天と大神王とのために、塔を建立して仏教を広めましょう」

と誓った。その言葉どおり、戦いに勝利したのち厩戸皇子は四天王寺を造り、馬子は飛鳥寺

寺（法興寺）を造ったとされる。とりわけ物部氏滅亡の翌年、崇峻元年に造営が開始された飛鳥寺は、日本初の本格的寺院として以後の日本仏教の中核となっていく。物部氏の滅亡によって、仏教受容に反対する豪族は皆無となり、以後全国各地で寺院建立が盛んとなるのである。

崇仏論争の信憑性

以上、長々と仏教受容をめぐる『日本書紀』の記述をみてきたけれども、一読して察せられるように、数十年にわたるその過程はすなわち蘇我氏と物部氏との抗争の過程であった。そしてこの戦いに最終的に蘇我氏が勝利し、物部氏が滅んで仏教受容が本格的に促進された、というのが『日本書紀』の描く構想なのである。

ただこうした伝承がどこまで史実を反映しているのか、あらためて検討する必要があるだろう。事実、〝疫病の流行による仏教弾圧〟という経緯がくりかえし現われるところに疑問を抱く見解もある。蘇我氏と物部氏の崇仏論争の史実性に疑問をもつ見解もあるし、一見中立的な立場にみえる欽明・敏達・用明らの天皇だが、実際はどうだったのかなど、問題はさまざまにある。そもそもなぜ最初から蘇我氏は仏教受容に独り積極的だったのか、このこと自体検討する必要があろう。

蘇我氏の専権

いずれにせよ五八七年に物部氏が滅んだことで、蘇我氏に対抗できる豪族はもうどこにもいなくなった。先に挙げた物部氏討伐軍の顔ぶれをもう一度見ればわかるように、当時の主要な豪族はほとんどすべてこの戦闘で蘇我氏側についた。以後、中央豪族層における大臣蘇我馬子の存在は抜きん出たものとなる。これまで大臣・大連は各一、二名任命されるのが通例であったのが、物部氏の滅亡後大連は欠員となり、馬子・蝦夷が大臣に任命されるだけの独占状態になることでもそれはわかるだろう。

雄略天皇没後の混迷期から継体天皇による新王統の誕生などを経て、六世紀中ごろの大和政権は、中央豪族層による合議制的な体制を創りあげていた。大王の下に大臣・大連が並び立ち、重要事項については数人の大夫《まえつきみ》（群臣とも書く）を交えた合議が開かれ方針が決定されていたのである。大連には大伴氏・物部氏、大臣には蘇我氏が任じられた。大夫は、阿倍氏、紀氏、巨勢氏、膳氏、平群氏、春日氏、中臣氏などのなかから選ばれた。

物部氏が滅んだ崇峻朝以後も合議制の慣行は続いたが、中央豪族層の力関係はこれを境に決定的に変化した。馬子は豪族層のなかでは比肩する者のない実力者となり、崇峻・推古ら当時の歴代天皇の外戚として、これを支える立場となった。

崇峻天皇殺害事件

馬子と崇峻天皇が反目し、ついに馬子が天皇を殺害させた有名な事件は、こうした状況下で起きた。

ある日、山猪が天皇のもとに献上された。これを見た天皇が、「何《いず》れの時にか此の猪の頸を断つ如く、朕が嫌う所の人を断たむ」、この猪の首を切るようにいつか自分の嫌うあの男の首も切ってやりたいものだと言って、戦さの準備を始めたというのである。

このことを、近ごろ寵愛の衰えた妃の大伴嬪小手子《みめこてこ》が馬子に密告したのであった。馬子は驚き、配下の者を召し集めて天皇を殺さんと図った（「蘇我馬子宿禰、天皇の詔したまふ所を聞きて、己を嫌ふを恐る。儻《やから》の者を招《お》き聚め、天皇を弑《ころ》さむと謀る」）。彼は群臣に偽って東国からの御調《みつぎ》が献上されると言って、東漢直駒《やまとのあやのあたえこま》に天皇の命を奪わせた（「馬子宿禰、群臣を詐《かす》めて曰く、『今日、東国の調を進《たてまつ》る』といふ。乃ち東漢直駒をして天皇を弑さしむ」）。

右の記述の意味も必ずしも分明でないが、この事件には後日談がある。馬子の命令を受けて崇峻の命を奪った東漢直駒が、馬子の娘河上娘《いらつめ》を略奪して、妻にしたというのである。河上娘は「蘇我嬪」とあるから、崇峻天皇の妃だったのであろう。馬子はこのことを知らず当初は娘が死去したものと思ったが、事実を知るとただちに東漢直駒を殺したという。

事件の真相は？

蘇我氏が古来「逆賊」の汚名を着せられた理由として、まずこの崇峻天皇殺害事件の責めがあるだろう。命令したのが馬子である以上、これはたしかに言い逃れできない。ただ不思議なのは、当時の王族や豪族らは皆この事件の首謀者が馬子であることを知っていたはずであるのに、彼がその罪を追及された形跡がないことだ。そもそも事件を伝える『日本書紀』自身が必ずしも彼を批判するような筆致ではなく、どちらかといえば淡々と記していることも驚きだろう。これはどうしてだろうか。

先にも記したように、用明が崩じたあと、馬子は対立する穴穂部皇子と物部守屋を殺し、泊瀬部皇子（崇峻天皇）を大王に立てた。これに正当性を与えたのは、敏達の大后豊御食炊屋姫の詔であった。こうして成立した崇峻朝であるから、政権の中枢は崇峻ではなく、馬子とその姪の豊御食炊屋姫のコンビにあった。崇峻は担がれたにすぎない。

したがって何が原因であれ、崇峻と馬子が対立したとき、多くの豪族が馬子の側についたのは当然であったろう。彼らが馬子を批判することはないし、馬子の道義的責任が問われるはずもなかった。むしろ崇峻にとって、馬子は自らを天皇に推してくれた恩人とさえいえる。その馬子に逆らった崇峻の言動のほうが、彼らにとっては道義的に許されないことだったのかもしれない。

崇峻が殺されたのが十一月三日で、翌月八日には豊御食炊屋姫（推古天皇）が即位している。この間、大した混乱があったようにはみえない。日野昭氏も認めているように、この事件によって王権はかえって安定を取り戻したようにみえる。同氏は「すでにこのころ馬子の政治に反逆する天皇の行動自体が、かえって異常とみなされたのではないか」とも述べている。当時の人々にとっても、この事件の結果、政権の中枢がどこにあるのかが、一層明確になったであろう。

推古天皇の即位

大臣による天皇の殺害という異常事態を受けてそのあと即位したのは、敏達天皇の大后で馬子の姪にあたる豊御食炊屋姫だった。塚口義信氏によると、彼女が選ばれた背景には、非蘇我系王族の有力皇子、押坂彦人大兄《おしさかひこひとおおえ》皇子の即位を回避する目的もあったらしい。押坂彦人大兄皇子は大和国忍坂から広瀬郡・葛下《かつげ》郡に進出していた敏達天皇の長子で、大王家のいわば嫡流の人物である。敏達から押坂彦人大兄皇子と続くこの王家は、蘇我氏との姻戚関係をもたないいわば純皇室系の王統であった。彼の子どもが舒明天皇で、その子どもが中大兄皇子（天智天皇）、大海人皇子（天武天皇）であることからも察せられるように、のちに蘇我氏と対決し大化改新を推進するのはこの系統の王族である。推古の即位時にはもう亡くなっていたという推

〈系図4〉 蘇我氏と天皇家

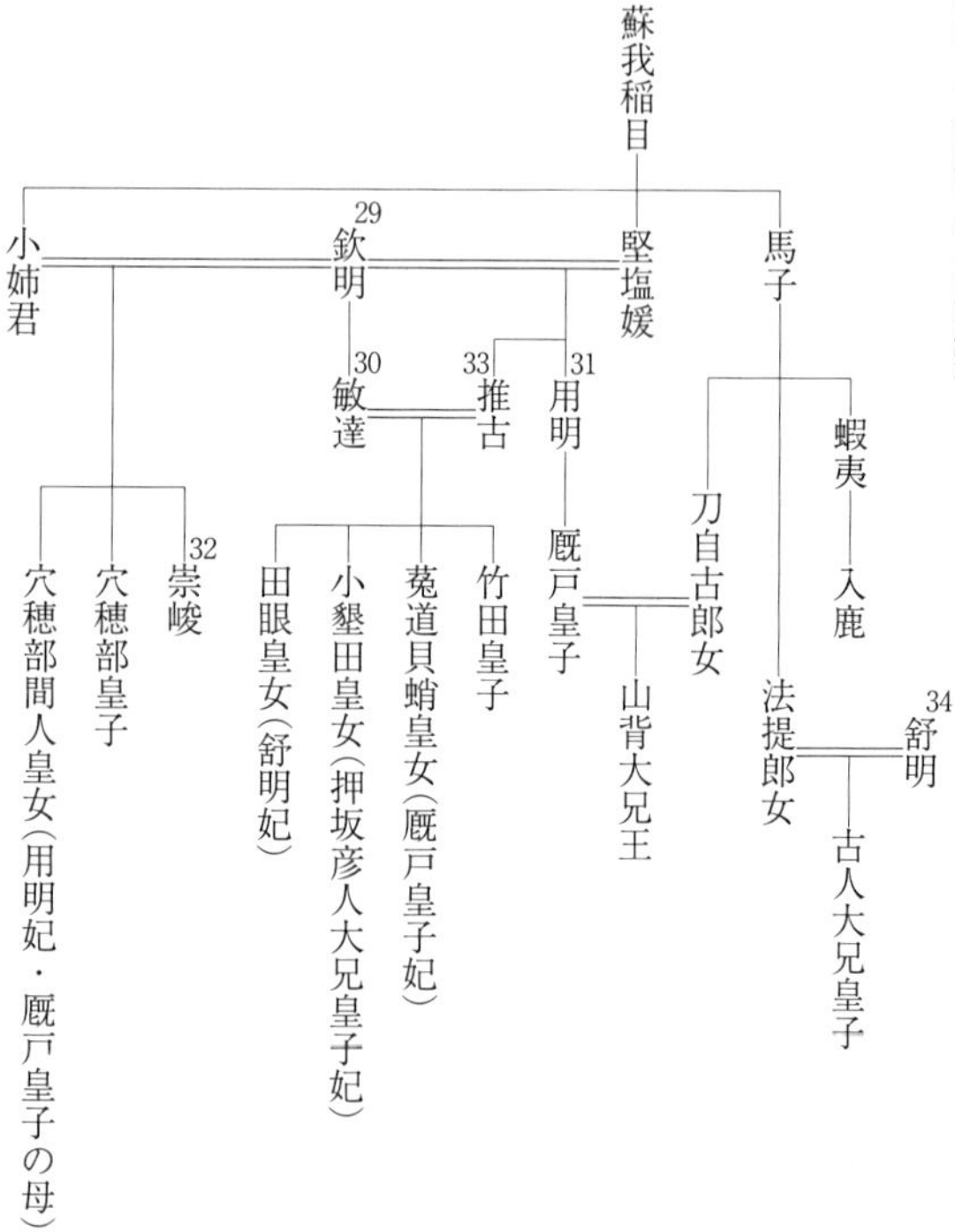
蘇我稲目
馬子
堅塩媛
29 欽明
小姉君
蝦夷
入鹿
刀自古郎女
法提郎女
34 舒明
古人大兄皇子
31 用明
33 推古
30 敏達
厩戸皇子
山背大兄王
竹田皇子
菟道貝蛸皇女（厩戸皇子妃）
小墾田皇女（押坂彦人大兄皇子妃）
田眼皇女（舒明妃）
32 崇峻
穴穂部皇子
穴穂部間人皇女（用明妃・厩戸皇子の母）

測もあるが、しばらくは生存していたとみるのが妥当だろう。馬子としては、彼の即位はできるだけ避けたかったとみられる。

他の王位継承候補者というと、用明の長子厩戸皇子や、敏達と推古の子の竹田皇子がいた。ふたりとも蘇我氏の血を引く皇子ではあるが、この時点で二十歳前とまだ若く、押坂彦人大兄皇子と比較して即位には見劣りがする。こうした状況からすると、押坂彦人大兄皇子の即位が当時としては最も順当なところであった。しかし先に述べたように、彼はもともと蘇我氏とは疎遠であった。馬子としては、敏達の大后として実績をもち、協力関係にあった炊屋姫以外に王位にふさわしい人物はいなかったというのが実相であろう。

『日本書紀』によると、推古の即位後まもなく、用明天皇の皇子で推古には甥、馬子には姉妹の孫（厩戸皇子の両祖母、小姉君と堅塩媛は馬子の姉妹）にあたる厩戸皇子が摂政の地位についたとされている。推古はこのとき四十歳、太子は十九歳だった。馬子の年齢は史料にないのでわからないが、おそらく四十代前半くらいであったと思われる。

以後三十六年の長きにわたって推古の治世が続くことになる。太子が亡くなるのが推古二十九年、馬子が亡くなるのが三十四年で、推古の崩御はその翌々年であったから、推古朝という時代のほとんどはこの三人によって担われていたわけだ。

推古朝という時代

『日本書紀』は、推古天皇の即位後まもなく厩戸皇子が摂政に任じられ、大臣蘇我馬子とともに政治にあたったように記されている。ただこれには種々疑問があり、厩戸皇子の摂政就任が本当に元年だったのか、また本当に摂政の任にあったのか、といった疑問が投げかけられている。

これまで私たちが抱いてきた推古朝という時代のイメージは聖徳太子(厩戸皇子)が政治の中心であり、彼によって十七条憲法・冠位十二階・遣隋使派遣といった新しい政策が実行された時代であった。一方、蘇我馬子は太子の改革に邪魔をする抵抗勢力であり、太子は晩年には馬子との権力抗争に疲れ果て世を厭うようになり、やがて仏教に救いを求めていく。「太子と馬子の対立」という図式の理解である。

私も三十余年前、小学校の授業で十七条憲法についてこのように習ったのを記憶している。曰く、〝「和を以って貴しと為す」という言葉には、朝廷内の和を乱す馬子への批判がこめられていた〟。〝「詔を承りては必ず謹め」も、天皇をないがしろにする馬子を暗に咎めているのだ〟、などと。

しかし先に見てきたように、敏達の崩御から推古朝の成立に至る度重なる朝廷内の死闘は、結局馬子・推古ラインの権力掌握によって決着したのであった。推古朝の権力の核はあくまでこのふたり——とくに馬子——にあったとみるべきであろう。

推古・馬子・厩戸の関係

我々は、知らず知らず染みついた厩戸皇子偏重の「推古朝」観を脱却しなければならないのだが、なかなか先入観から脱するのは難しい。たしかに、今では厩戸皇子が摂政として推古朝の政治をもっぱら主導したといった見方をとる学者は少ない。現在通説的な位置を占めているのは、推古の下で太子と馬子が共同統治をしたという説である。この説は、『上宮聖徳法王帝説《じょうぐうしょうとくほうおうていせつ》』に「少治田宮《おわりだのみやに》御宇《あめのしたしろしめしし》天皇《てんのう》（推古）之世《のよ》、上宮《うえのみやの》厩戸《うまやどの》豊聰耳命《とよとみみのみこと》（厩戸皇子）嶋大臣《しまのおおおみ》（馬子）、共に天下の政を輔《たす》けて、三宝を興隆し、元興・四天皇等の寺を興し、爵十二級を制す」とあるなど、史料的な裏づけもあって有力視されている。

しかしもう一歩当時の権力構造に踏み込んで考えてみるならば、権力の頂点に位置したのは推古と馬子のコンビであって、このふたりによって登用された、いわば青年宰相が厩戸皇子だったという推測の方が妥当ではないだろうか。この時代に、厩戸皇子の主導で種々の新しい政策が行なわれたのは事実としても、あくまでこれらは推古・馬子の庇護・承認の下に実行されたものとみるべきではないだろうか。

馬子と炊屋姫は、敏達の崩御以来、一貫して共に政局を乗り切ってきた間柄である。馬子の姉妹・堅塩媛の産んだ娘が推古であるから、ふたりは叔父と姪の間柄になる。公的にはもちろん推古天皇のほうが目上であるが、彼女は叔父を信頼し、その意見を他の誰よりも尊重していたことは、のちに示すように自身が語るところでもある。

これと比べると、厩戸皇子は馬子の子どもくらいの年齢で、馬子にとっては姉妹（堅塩媛・小姉君）の孫であり、娘婿（馬子の娘・刀自古郎女《とじこのいらつめ》は厩戸皇子の妃）でもあった。馬子と厩戸皇子が同格の立場で共同統治をしたとは私には考えがたい。

馬子は、厩戸皇子の非凡な才能に期待し、少年のころから目をかけていたのだろう。順調に成長した皇子は、推古と馬子、二人の庇護の下、政治家として手腕を発揮し、特にその学識を生かして、十七条憲法・冠位十二階・遣隋使派遣といった文明化政策を推進した。皇子があれだけの思いきった諸改革を実行できたのも、馬子と推古の後押しがあったればこそであった。

厩戸皇子はなぜ即位できなかったか

しかし厩戸皇子は『日本書紀』の評伝では推古二十九年、天皇より先立つこと七年で亡くなったとされる。四十九歳だった。厩戸皇子はなぜ即位できなかったのか。推古より先に亡くなったからだ。そう考えれば答えは簡単だが、果たしてそうだろうか。

近年、大化改新時の皇極天皇の譲位以前には譲位の慣行はなく、仮に大方の支持を失った大王がいても生前に交代することはできず、崇峻天皇のように殺害するより方法がなかったという見解が一部に支持されている。『女帝と譲位の古代史』（文春新書）にも書いたように私はこれには反対で、例は少ないにせよ大化改新以前から譲位はあったと考えている。それは、五世紀末に事実上の称制（即位式を挙げずに政務を執ること）を行なった飯豊《いいとよの》皇女から顕宗・仁賢への譲位や、六世紀前半の継体から安閑への譲位が実際にあったと考えているからである。

厩戸皇子は推古朝のある時期、たしかに次期大王が予定された政治的立場にあった。その彼が即位できずに終わったのはどうしてだろうか。ただ単に推古より先に亡くなったという理由のためだけなのだろうか。その後、皇極が孝徳に王位を譲った例からすれば、どうして推古のときに厩戸に譲位できなかったのか、理解に苦しむ。推古朝の時点ではまだ譲位の慣行がなかったのだ、という説明だけでは説得力に乏しい。推古にその意思さえあれば、厩戸への譲位は決して不可能ではなかったはずだ。

この点で、推古は結局自分の意思で厩戸皇子に王位を譲らなかったのだ、という直木孝次郎氏の意見に私は賛成したい。

直木氏は、推古が本来後継者に考えていたのは実子の竹田皇子であって、即位後数年ののちに竹田皇子を皇太子に立て折をみて王位を譲るつもりだったが、その意に反して竹田皇子は数年のちに夭折してしまい、そこでやむを得ず厩戸皇子を立太子した。しかし推古は亡くなった竹田皇子のことが忘れられず、結局厩戸皇子に王位を譲る気持ちになれなかったのではないか、と推定した。

要するに推古天皇は当初は生前譲位を前提とする中継ぎの天皇であったが、結果的には厩戸皇子に譲位することはなく終身の天皇になった、というのが直木氏の見解である。

詳細は『女帝と譲位の古代史』に書いたのでくりかえさないが、この点基本的に私も同意見である。推古は当初は生前譲位する前提で即位した。推古十年ころからは厩戸皇子が皇太子的な地位に上り、事実上の宰相としても腕を振るったが、即位二十年目ころを境に推古は終身の大王へと変貌し、厩戸は皇太子としての地位を事実上失った。その結果、推古はその後も崩ずるまで王位にとどまったのである。推古の治世は、始まりこそ崇峻の粛清という異常事態をうけての中継ぎ的な即位であったが、推古・馬子ラインの政権運営が次第に安定化した結果、本格的な大王として長期の在位が可能になったのだった。

馬子の死

推古天皇三十四年五月、蘇我馬子が亡くなった。五十余年の長きにわたって大臣を務め続けたから、八十歳に近かったであろう。『日本書紀』に薨伝（死亡記事）が記されている。

夏五月戊子の朔丁未、大臣薨ず。仍《よ》りて桃原墓に葬る。大臣は稲目宿禰の子なり。性武略有りて、亦弁才有り。以って三宝を恭敬して、飛鳥河之傍に家ゐせり。乃ち庭の中に小池を開けり。仍《よ》りて小嶋を池の中に興《きず》く。故《かれ》、時の人、嶋の大臣と曰ふ。

——夏五月戊子の朔丁未、大臣蘇我馬子が逝去した。そこで桃原墓に葬った。大臣は稲目宿禰の子である。性格は武略に長け、また弁論の才も有った。三宝（仏教）を恭敬して、飛鳥河の辺りに家を構えた。そこでは庭の中に小さな池を開いた。そして小嶋を池の中に築いた。そこで当時の人は、彼を嶋の大臣とよんだ。

武略と弁才を兼ね備えたと評される馬子だが、だからこそこの時代、比類のない権勢を築くことができたのだろう。飛鳥河の傍に築かれた彼の邸宅には、人工の池と嶋が備えられていたという。この邸宅が、「嶋」の家（のちの嶋宮）で、その至近の地に石舞台古墳がある。これが薨伝に記される桃原墓のこととみられる。

石舞台古墳は、昭和八年（一九三三年）から二年にわたって京都大学によって発掘調査が行なわれ、周濠を備えた一辺五十メートルの方墳であることが判明した。七世紀始めから前半の造営と推定されているから、時期は馬子の亡くなったころとちょうど一致する。その後の昭和五十年、国営公園化されるのに伴って行なわれた発掘調査では、六世紀後半から末ころに造られた七つの小古墳を潰してそのうえに石舞台古墳が造営されたことが判明した（河上邦彦『飛鳥を掘る』）。馬子の絶大なる権力が偲ばれよう。

推古の後継者争い

推古が崩御したのは、馬子の死の二年後だった。享年七十五。そのあとをうけて次期王位継承者の候補に挙がったのは、厩戸皇子の長子・山背大兄王と、押坂彦人大兄皇子の長子・田村皇子とであった。推古朝が長期に及んだため、既に皇子（一世王）の世代はほとんど亡くなり、生存している者も高齢であったことから、次期大王の座は二世王の世代にまわっていた。ふたりの父厩戸皇子と押坂彦人大兄皇子はいずれも即位は叶わなかったが、有力な王位継承候補者だった。その遺児ふたりが今回、次期大王の候補となったのである。

問題の焦点は推古の意思がどちらにあったのか、という点に求められていた。推古は臨終の前に二人を順に呼んで遺勅を残した。まず田村皇子には、

天下は大任なり。本より輙《たやす》く言ふものに非ず。爾《いまし》、田村皇子、慎みて察《あきらか》にせよ。緩《おこた》るべからず。

——天下を治めるのは大任である。容易く口にすべきではない。汝、田村皇子、慎重に対処

せよ。怠ってはならない。

山背大兄王には、

汝独り、莫《な》諠《と》譁《よ》きそ。必ず群《まえつきみ》の言に従ひて、慎みて違ふこと勿れ。

――汝は独りやかましく発言してはならない。必ず群臣の言葉に従い、間違いを起こさないようにせよ。

という言葉である。どちらを指名したのか判然としない曖昧な言葉だが、要するに群臣たちの判断に任せよ、ということであろう。当時の群臣、すなわち中央有力豪族の筆頭にいたのが、馬子の長子でその後をついだ大臣蘇我蝦夷である。

蝦夷らは、推古の遺勅は田村皇子を指名するものであるとして彼を推した。しかし山背大兄王は自分こそ指名されたと主張し、蝦夷の真意を聞きたいと食い下がった。

両者の間には何度も使者が遣わされ、意思がやりとりされた。蝦夷は推古の意思に基づいて決めただけで何の恣意もないと答え、山背大兄王はあくまで自分の聞いた推古の言葉は自らを指名する内容であったと主張した。ここまでは両者の間に意見の齟齬はあっても、感情のもつれはなかった。いや二人の間には最後までそれはなかったというべきだろう。問題は蝦夷の叔父にあたる境部臣摩理勢《さかいべのおみまりせ》の行動であった。彼は蝦夷に逆らって、山背大兄王を皇嗣に推した。そして蝦夷と決裂し、山背大兄王の異母弟で、彼と親しかった泊瀬仲王《はつせのなか》の私邸にこもってしまったのである。

蝦夷は山背大兄王に、境部臣摩理勢を差し出すよう要請した。王は蝦夷に対し摩理勢を咎めぬよう求め、摩理勢に対しては蝦夷の意思に従うよう説得をした。そんな矢先、摩理勢が頼みとしていた泊瀬仲王が急死した。孤立した摩理勢は「我、生けりとも、誰をか恃《たの》まむ」と嘆いたが、この機に乗じて蝦夷は手勢を集めて摩理勢を襲撃した。摩理勢はこれに手向かいせず、従容として殺されたという。

舒明の即位

こうして山背大兄王はなお健在であったが、彼を推した摩理勢が滅んだことで、田村皇子、すなわち舒明天皇が即位した。『日本書紀』は、このとおり舒明の即位事情を異例なほど詳細に伝えている。それは、ひとつには彼が天智・天武両天皇の父であるからだろう。そしてその詳細な即位の経緯を伝えることによって、舒明の即位はあくまで推古の遺勅によるものであり、山背大兄王と皇位を争ったわけではないことを強調する意図があったのだろう。

一連の記事で印象深いのは、ここにはどこにも〝悪役〟がいないことである。田村皇子も山背大兄王も蝦夷も摩理勢もみな良かれと思って行動している。私利私欲にかられた者はおらず、皆それなりに筋の通った行動をしているのだ。しかしそれが結果的には無惨な結末を迎えてしまう。これこそ「悲劇」というべきであろう。

即位前紀の異例の長さに比して、元年条以降の「舒明紀」の記事はあまりにも簡略すぎる。そのため十三年続いた舒明天皇の治世がどういう時代だったのか、捉えるのは難しい。必ずしも明確な像を結ばぬこの時代であるが、決して平穏な停滞した時代だったわけではないだろう。この間に、推古朝に派遣された留学生の一部が帰国し、最新の海外情勢を伝え、新来の知識をもたらした。これらがのちの大化改新にもつながっていく。嵐の前の静けさのような、着々と次代への準備が進んでいた時代とみるべきだろう。

政権の中枢には、舒明天皇と大臣蘇我蝦夷、その下に大夫層の中央豪族が控えていた。そして斑鳩の地には、依然として山背大兄王とその一族が健在であった。舒明との皇位継承争いに敗れたとはいえ、この一大勢力は、舒明や蝦夷らにとっては油断ならない存在であったに違いない。

皇極女帝の即位

即位十三年にして舒明が崩ずると、あとには大后であった宝皇女《たからのひめみこ》が皇位を継いだ。皇極天皇の誕生である。彼女が即位したのはどうしてだったのか。舒明の後継者となるべき有力な皇位継承候補者が何人もいて、誰に決めてもその後にしこりが残りそうなためであったとみられる。まず候補者に目されたに違いないのが、舒明の長子の古人大兄皇子、その異母弟で皇極を母に持つ中大兄皇子、先に機会を逃したが今も虎視眈々と皇位をうかがう山背大兄王らである。皇極はかれらの激しい争いを当面先送りするために暫定的に立てられた、生前譲位が前提の天皇であった。

このうち古人大兄皇子は、舒明が蘇我馬子の娘、法提郎女《ほてのいらつめ》との間にもうけた皇子で、彼の長子でもあることから最有力の候補者だったとみられる。蝦夷も当然彼を推したに違いない。中大兄皇子は、大后皇極の産んだ皇子であることが強みだった。しかし舒明崩御の時点で十六歳とまだ若く、この時点では即位は時期尚早だった。皇極としては、数年後我が子が成人したあかつきに譲位する目論見で即位を決意したのであろう。先に好機を逸した山背大兄王は、用明の孫、厩戸皇子の子であるから、二世王（孫王）ということになる。舒明の皇子の古人大兄や中大兄が一世王であるのと比べると、出自では一段劣ることになるが、年齢や経験、上宮王家の所有する大きな財産などは他の二人を上回るものがあった。

三人を推す勢力が真っ向から対立すれば、政権の分裂・混乱は避けられない。皇極の即位はとりあえずこうした危機を回避するための暫定的な措置であって、いつまでも皇極政権が続くわけではない。早晩、皇極の後継者争いが始まるのは目に見えていた。

入鹿・蝦夷の「専横」

変動があったのは皇位だけではなかった。大臣の座も、事実上蝦夷から息子の入鹿に交代した。「皇極紀」元年条に、

大臣の児入鹿、〔更《また》の名は鞍作《くらつくり》〕自ら国の政を執りて、威《いきおい》、父に勝れり。これに由りて、盗賊恐《お》摂じて路に遺《おち》たるを拾はず。

——大臣の子、入鹿（またの名は鞍作）は、自ら国の政治を執って、その権勢は父に勝っていた。これに由りて、盗賊は恐れて路に落ちている物も拾わなかった。

とあり、さらに翌年の十月条には、

蘇我大臣蝦夷、病に縁《よ》りて朝《まい》らず。私《ひそか》に紫冠を子入鹿に授けて、大臣の位に擬《なずら》ふ。

――蘇我大臣蝦夷が、病のため朝廷に出なくなった。勝手に紫冠を子の入鹿に授けて、大臣の位に擬した。

とあって、事実上、大臣の位は入鹿に譲られたことがわかる。

こうしたなかで、『日本書紀』は皇極天皇二年十一月に入鹿が巨勢徳太《こせのとこだ》臣、土師娑婆《はじのさば》連、倭《やまとの》馬飼首《うまかいのおびと》らを率いて斑鳩に住む山背大兄王の一族を襲撃したと伝える。

蘇我臣入鹿、独り謀りて、上宮の王等を廃して古人大兄を立てて天皇とせむとす。

とあるように、その目的は古人大兄の擁立にあった。戦闘の結果、山背大兄王とその一族は自殺し、すべて滅んだ。三人の有力候補のうち、これで一人がまず消されたわけだ。この知らせを聞いた父蝦夷は、

噫《あ》、入鹿、はなはだ愚痴にして、専行《もはら》暴悪す。いが身命《いのち》、またあやふからずや。

――ああ、入鹿は実に愚かで大変暴虐なことをした。これではお前の命は危ういぞ。

と言って、激怒したという。

しかし蝦夷にもこの少し前から、専横の振舞いのあったことが『日本書紀』には散見される。まず「皇極紀」元年条には、

是歳、蘇我大臣蝦夷、己《おの》が祖廟を葛城高宮に立て、而して八佾《やつら》の舞を為す。

――是の歳、蘇我大臣蝦夷は、自分の祖廟を葛城高宮に立て、そうして八佾の舞をさせた。

とある。蘇我一族の祖先を祀る「祖廟」を立てたとき、「八佾の舞」という縦横八列に並んだ六十四人の群舞を行なわせたというのである。この「八佾の舞」は中国では天子だけが行なえる特権とされており、それを大臣蝦夷がさせたというのは明らかに越権行為である。

『日本書紀』は続けて、

又、尽《ことごと》に挙国の民、幷せて百八十部曲《かきべ》を発して、預め双墓《ならびばか》を今来に造る。一は大陵と曰ひ大臣の墓とし、一は小陵と曰ひ、入鹿臣の墓とす。

――又、国中の民、併せて百八十の部曲を徴発して、預め双墓を今来に造った。このうち一つは大陵と言い、大臣蝦夷の墓とし、一は小陵と言い、入鹿臣の墓とした。

と記し、蝦夷・入鹿父子が自分たちの墓を陵と呼ばせたと記す。

しかもこの作業に、「上宮の乳部《みぶ》の民を聚めて、はか所に役使《つか》ふ。(上宮の乳部の民をすべて集めて、墓地の労役に使った)」とある。「上宮の乳部の民」とは、亡き厩戸皇子の養育のために設けられた部民のことで、事実上、上宮王家の領民のようなものだ。これを横取りされたことを知った厩戸皇子の娘、上宮大娘姫王《かみつみやのいらつめのみこ》は蘇我氏を恨み、慷慨したと記される。

これらの記事は蘇我氏誅滅を正当化するために、ことさら彼らの専横を強調したもので、どこまで史実に基づく所伝であるかは怪しいとする見解がある。それでも、蘇我氏が「葛城高宮」に祖廟を立てたこと、大和国の「今来」という地に蝦夷・入鹿が二人の墓を生前から造り始めていたことなどは史実に基づいている可能性が高いだろう。

中大兄皇子と中臣鎌足

『日本書紀』では、こうした蘇我氏の専横に敢然と立ち向かうのが、まず中臣鎌足である。「皇極紀」三年条には、蘇我臣入鹿が、君臣長幼の序を破り、国家を我がものにしようと企んでいることを憤って、共に活動できるすぐれた王族を探し求めたと記されている。

最初、彼は皇極天皇の弟の軽皇子(のちの孝徳天皇)に接近したが、その後、離れていった。

『日本書紀』は遠慮してその理由を記さないが、『家伝』は「皇子の器量、ともに大事を謀るに足らず」とはっきりと書いている。さらに有能な皇子を探し求めた鎌足は次に中大兄皇子と出会い、この人こそと思い近づく。これが有名な、飛鳥寺の西の大槻の下で催された蹴鞠のとき、飛んでいった中大兄の靴を取ったことがきっかけで出会ったというエピソードだ。

　肝胆相照らし、「相善《むつ》びて倶《とも》に懐《おも》ふ所を述べ、既に匿るる所なし（互いに親密になって思うところを述べ、隠し事はなかった）」といった関係になったふたりは、人の目を避け「倶に手に黄《ふみ》巻《まき》を把りて、自ら周孔の教へを南淵先生の所に学ぶ（ともに書物を持って自ら周公・孔子の教えを南淵先生のもとで学んだ）」ようになる。「南淵先生」とは、長い隋唐での留学を終えて帰国した南淵請安《みなみぶちのじょうあん》である。彼のもとでふたりは「周孔の教へ」、すなわち儒学を学んだ。そしてその往還で、ふたりは蘇我氏打倒の計画を練り上げたのだった。

「大事を謀るには輔《たすけ》有るに如かず」という鎌足の勧めで、中大兄は蘇我倉山田石川麻呂の娘を娶る。これも『日本書紀』にはないが、『家伝』をみると「山田臣と鞍作、相忌むを知る」とある。同じ蘇我一族でも、本宗家ともいうべき蝦夷・入鹿の系統と、傍系の石川麻呂の系統とは折り合いが良くなかった。蝦夷・入鹿を滅ぼすには、石川麻呂を味方に引き入れることが得策だと鎌足は説き、これを聞き入れた中大兄が彼の娘を娶ったのである。こうして両者の間に婚姻関係が結ばれた。

改新前夜

皇極三年十一月、蝦夷・入鹿は甘樫岡にそれぞれの邸宅を並べて築いた。

大臣の家を称《よ》びて上の宮門《みかど》といふ。入鹿が家をば、谷《はさま》の宮門〔谷、此を波佐麻《はさま》と云ふ〕といふ。男女を称びて王子《みこ》といふ。

——大臣の家を上の宮門と呼んだ。入鹿の家を谷の宮門と呼んだ。子は男女ともに王子と呼んだ。

自分たちの家を「宮門」と呼ばせ、子どもたちのことを「王子」と呼ばせたという。その家というのが、

家の外に城柵を作り、門の傍に兵庫を作る。門毎に水盛《い》るる舟一つ、木鉤《きかぎ》数十を置きて、火の災ひに備ふ。恒に力人をして兵を持ちて家を守らしむ。

——家の外に城柵を作り、門の側に武器庫を作った。門ごとに水を入れた桶と、木鉤数十を置いて、火災に備え、常に力人に武器を持たせて、家を守らせた。

とあって、かなり厳重な装備をしたものであった。家はもうひとつ造られた。

更に家を畝傍山の東に起て、池を穿《ほ》りて城とし、庫を起てて箭を儲《つ》む。恒に五十の兵士を将《い》て、身に繞《めぐ》らして出入りす。健人を名づけて、東方《あずま》の儐従者《しとべ》といふ。氏氏の人等、入りてその門に侍り。名づけて祖子孺者《おやのこわらわ》といふ。漢直《あやのあたえ》等、全ら二つの門に侍り。

——さらにまた、家を畝傍山の東に建て、池を掘って城とし、武器庫を建てて矢を納めた。常に五十の兵士を引き連れ、出入りした。強力の人を名づけて東方の儐従者と呼んだ。各氏の人々がその門で警備をした。これを名づけて祖子孺者と呼んだ。漢直らは、もっぱらこの門に仕えていた。

畝傍山の東に築かれたというこの家も厳重な武装を施したようである。護衛の中心には「漢直」、つまり渡来系有力豪族の倭漢氏の軍がいた。

乙巳の変

飛鳥板葺宮の大極殿で入鹿誅殺のクーデターが起きたのは、皇極天皇四年六月八日とされる。

計画では三韓（高句麗・百済・新羅）の使者が天皇に調（貢物）を献上する儀式に於いて、蘇我倉山田石川麻呂が上表文を読み上げているあいだに、中大兄などが入鹿の隙に乗じて斬りかかろうという算段であった。

入鹿はすでに身の危険を感じていたのか、このころ剣を常に体から離さなかったという。

中臣鎌子連、蘇我入鹿臣の人となり、疑ひ多くして昼夜剣持けることを知りて、俳優《わざおぎ》に教へて、方便して解かしむ。入鹿臣、咲《わら》ひて剣を解き、入りて座に侍り。

――中臣鎌足は、蘇我入鹿の性格が疑い深く昼も夜も剣を持っていることを知って、俳優に教えて、騙して剣を外させた。入鹿はこのとき笑って剣を外し、大極殿に入り、座についた。

俳優とは宮中にいる、いわば道化（ピエロ）である。鎌足は密かに彼に指示をし、入鹿が剣を手離すように仕向けた。道化は実際にどのようなことをして、彼から剣を預かったのだろうか。入鹿は笑って手渡したというから、滑稽なしぐさや言葉で剣を離すよう仕向けたのだろう。危険を知りつつも歯を見せて剣を手放した入鹿に、英雄特有の剛毅と快活さをみるのは、私だけだろうか。

一同が席に着き、天皇・古人大兄臨席のもとで、蘇我倉山田石川麻呂の上表文の読み上げが

復元整備された伝飛鳥板蓋宮跡（奈良県立橿原考古学研究所提供）

始まった。ただちに中大兄皇子は宮中の諸門を閉めさせた。そして自身、「長き槍を執りて殿の側に隠れたり」。鎌足は皇子の側で弓矢を持った。また彼はあらかじめ海犬養連《あまのいぬかいのむらじ》勝麻呂という人物を通して、佐伯連子麻呂と葛城稚犬養連《わかいぬかいのむらじ》網田《あみた》に剣を与え、

　努力《ゆめ》努力《ゆめ》　急《あからさま》に斬るべし。——くれぐれも一気に斬るべし。

と伝えていた。

けれども、ふたりは入鹿の威勢に恐れ、なかなか斬りかかる勇気がでない。極度の緊張で、子麻呂はかきこんだ飯を吐き出してしまった。

　石川麻呂も上表文が終わりに近づいているにもかかわらず、一向に子麻呂らが斬りかかってこな

いのに動揺して、冷や汗を流し、声は乱れ手が震えだした。

　気づいた入鹿が「何ゆゑにかふるひ、わななく」と問うたが、石川麻呂は「天皇に近づける恐《かしこ》みに不覚にも汗を流す」とごまかした。子麻呂も網田も入鹿の威勢に怖気づき、いつまで経っても手が出せない。これを見た皇子がいきなり「咄嗟《やあ》」と言って子麻呂とともに斬りかかった。入鹿の不意を突いて、頭と肩とを斬り裂いたのである。

> 入鹿、驚きて起つ。子麻呂、手を運《めぐら》し剣を揮《ふ》きて、その一つの脚を傷《やぶ》る。入鹿、御座に転び就きて、叩頭《の》みて曰く、「当《まさ》に嗣位《ひつぎのくらい》に居《ま》しますべきは、天の子なり。臣、罪を知らず、乞ふ。垂審察《あきらめたま》へ」とまをす。天皇、大きに驚きて、中大兄に詔して曰く、「知らず、作《す》る所。何事有りつるや」とのたまふ。中大兄、地に伏して奏して曰く、「鞍作、天宗を尽くし滅ぼして、日位《ひつぎのくらい》を傾けむとす。あに、天孫を以って鞍作に代へむや」とまをす〔蘇我臣入鹿、更の名は鞍作〕。天皇、即ち起ちて殿の中に入りたまふ。佐伯連子麻呂、稚犬養連網田、入鹿を斬りつ。是日、雨下りて潦水《いさらみず》庭に溢《いわ》めり。席《むしろ》、障子《しとみ》を以って鞍作が屍に覆ふ。

――入鹿は驚いて起った。子麻呂は手で剣を振るって、入鹿の片足を斬った。入鹿は玉座に転がりこんで、頭を下げて「皇位にましますべきは天孫の子です。私は何の罪を犯したのでしょう。お願いします。明らかにしてください」と言った。天皇は大いに驚いて、中大兄に詔しておっしゃった。「何をしたのか、わからない。何事があったのか」と言われた。中大兄は、地に伏して奏して言った。「鞍作は天皇家をことごとく滅して皇位を傾けようとしました。どうして天孫を入鹿に代えることができましょうか」と申した。天皇は、立ち上がって殿の中に入られてしまった。このあと、佐伯連子麻呂、葛城稚犬養連網田が、入鹿を斬り殺した。是の日は雨が降って、溜り水で庭が水浸しになっていた。敷物や屏風で入鹿の屍を覆った。

『日本書紀』では、皇極天皇はこのクーデターには関与していなかったように読める。これは『家伝』の記述でも共通するのだが、『家伝』では決行に先んじてこの計画を母である天皇に伝えるか否か、中大兄が悩む件りがある。結局皇子は鎌足の説得を受けて、あえて母皇極には何も告げずに当日の決行に及んだとされる。

さて『日本書紀』は、入鹿が斬殺された場面を詳細に説いたあとに、この場に遭遇した古人大兄皇子の行動に触れている。

古人大兄、見て私宮に走り入りて、人に謂ひて曰く、「韓人《からひと》、鞍作臣を殺しつ〈韓の政に因りて誅せらるを謂ふ〉。吾が心痛し」。即ち臥内に入りて、門を杜して出ず。

――古人大兄はこれを見て私邸に走って入り、人に言った。「韓人が鞍作臣を殺した〈韓の政治によって誅されたことをいう)。私の心は痛い」。そして寝室に入って門を閉ざして出て来なかった。

古来、謎とされてきた所伝で、いろいろに解釈されてきた。「韓の政に因りて誅せらるを謂ふ」という註記は、おそらく『書紀』編者の付したものであろう。

蝦夷の滅亡

入鹿殺害に成功した中大兄皇子らはそのあと飛鳥寺に立て籠り、ここを城として次なる戦いに備えた。すると、諸皇子、諸豪族らはすべて飛鳥寺に参集し、彼らに従う意思を明らかにした。こうして甘樫岡の大邸宅に残る入鹿の父、蝦夷の孤立があらわになってきた。

そのような中で蘇我氏に忠節を尽くそうとし、戦さの用意をし始めていたのが、倭漢氏と高《たか》向臣国押《むこのおみくにおし》であった。

ここに漢直等眷属を総《す》べ聚め、甲《よろい》を擐《き》、兵を持ちて、大臣を助けて軍陣を設けむとす。

中大兄は、将軍巨勢徳陀臣《こせのとこだのおみ》を敵陣に遣わして、帰順するよう説得した。

中大兄、将軍巨勢徳陀臣を使して、天地開闢より君臣始めて有つことを以って、賊の党に説かしめたまひて、赴く所を知らしめたまふ。是に、高向臣国押、漢直等に謂ひて曰く、「吾等、君大郎《きみたいろう》に由りて、戮《ころ》されぬべし。大臣も亦今日明日に立ちどころにその誅されむことを俟《ま》たむこと決《うつな》し。然らば、誰が為に空しく戦ひて尽《ことごと》に刑せられむか」と言ひ畢りて、剣を解き、弓を投げて此を捨てて去る。賊の徒、亦随ひて散り走《に》ぐ。

——中大兄は、将軍巨勢徳陀臣を使わして、天地開闢から君臣の別が有ることを賊党に説得し、進むべき所を知らせられた。ここに高向臣国押が、漢直等に言った。「このままでは吾らは、君である大郎入鹿のために、きっと殺されてしまうだろう。大臣もまた今日か明日、すぐに誅されることは決定的だ。ならば、誰の為に空しく戦い、皆が殺されるのか」と言い終わって剣を解き、弓を投げてこれを捨てて去って行った。賊の徒もまた、これに従って逃げ散った。

巨勢徳陀臣の説得にまず同意したのは高向臣国押であった。彼は倭漢氏にも共に投降しようと勧め、その場を去った。こうして戦いは回避された。

翌日、蝦夷は私邸に火を放ち、自ら滅んだ。このとき、かつて厩戸皇子と父馬子とが「共に議りて」「録《しる》した」という、「天皇記・国記」という歴史書も焼こうとした。しかし、「船《ふねの》史恵尺《ふひとえさか》」が焼かれる「国記」を取り出して救い出し、中大兄皇子に献上したとされる。

蘇我臣蝦夷ら、誅せらるるに臨みて、悉に天皇記・国記・珍宝を焼く。船史恵尺、即ち疾く焼かるる所の国記を取りて、而して中大兄に奉る。

——蘇我臣蝦夷らは、誅殺されるにあたって、ことごとく天皇記・国記・珍宝を焼いた。船史恵尺はとっさに焼かれようとしている国記を取って、中大兄に献上した。

この日に、入鹿と蝦夷の遺体を墓に葬ることが許された。こうして栄華を誇った蘇我氏本宗家は滅んだのである。

新政権の誕生

翌日、皇極天皇は皇位を弟の軽皇子に譲った。本人の意思は当初、息子の中大兄皇子にあったが、中大兄が鎌足に相談したところ、兄である古人大兄、叔父である軽皇子を差し置いて即位するのはよくないとして、軽皇子の即位を勧めるよう助言したとされる。軽皇子は、古人大兄は舒明天皇の皇子であり、年長でもあるとして、彼の即位を勧めたが、古人大兄が即位を固辞し、その場で出家を宣言して刀を解いたため、結局軽皇子が即位した。孝徳天皇である。

このほか中大兄皇子は皇太子となり、大臣・大連が廃され新たに左大臣に阿倍倉梯《くらはし》麻呂、右大臣に蘇我倉山田石川麻呂が任じられた。また中臣鎌足が内臣、僧旻《みん》と高向玄理《くろまろ》が国博士に任命された。こうして大化改新政権が発足したのである。

この新政権が目指したものは一体どういった国家であったのか、また『日本書紀』に記された大化改新像がどこまで史実に忠実に描かれているのかをめぐって、戦後の歴史学は長い議論を積み重ねてきた。いまも意見の分かれるところである。大化改新に関する研究は、その否定論も含めてこれまで汗牛充棟といってよいほどに蓄積されている。ここに屋上屋を重ねてその研究史を要約することはしないが、皇極四年に蘇我蝦夷・入鹿父子が滅ぼされ、政権中枢が一新したことに異論を唱えるひとはいない。

そしてこのクーデター後に少なくとも以下のような改革が行なわれたことも、近年の研究でほぼ確認されているといえよう。それは、地方行政区画としての「評《こおり》」制の施行、冠位の改定、難波宮遷都、官制の改革等である。

一方、『日本書紀』には記されながら、その史実性に疑問がもたれているのは、戸籍・計帳の作成、班田制の実施等である。部民制の廃止、畿内制の成立については賛否両論あるものの、おおよそ史実と認めてよいと筆者は考えている。これらの改革が、のちの律令国家体制につながっていくのである。

逆賊・蘇我氏

ここまで蘇我氏の始祖とされる武内宿禰に始まって稲目・馬子・蝦夷・入鹿に至る、蘇我氏の軌跡を、主として『日本書紀』の記述によりながら概観してきた。もちろん『日本書紀』の記述がすべて史実であるとはいえないが、その骨子はおおよそ信用に値するものであるといってよいだろう。

ただ正確にいえば、蘇我氏の歴史はこれで終わったわけではない。この豪族は、大化改新ののちも大和政権の雄族として活躍した。新政権で右大臣の要職に任じられたのは、入鹿暗殺事件にも関わった蘇我倉山田石川麻呂である。しかし彼は改新から四年後に謀反の疑いをかけられ、自殺に追い込まれた。ただ彼が実際に謀反を企てていたとは考え難く、おそらく中大兄皇子による謀略であろうとする説が有力である。その後、蘇我赤兄《あかえ》が天智天皇に重用され左大臣となるが、壬申の乱で近江方についたために、乱後は配流された。天武朝には氏の名を石川氏と改めるが、その後次第に衰退し、藤原氏の台頭と入れ換わるように、この氏の存在は朝廷の中心から遠ざかっていく。

こうしたのちの経緯をみれば、蘇我氏の全盛期が稲目から入鹿に至る六世紀前半から七世紀半ばの百数十年にあることに誰しも異論はないであろう。そしてこの百数十年のうちに、この氏が後世「逆賊」の汚名を着る原因をつくったのも事実である。

以下の諸章では蘇我氏にまつわるいくつかの問題点をとりあげ、具体的にその謎に迫ってみたいと思う。

第二章　出自と出身地

蘇我氏＝渡来人説

前章にも述べたように、蘇我氏の始祖は、第八代孝元天皇の孫の武内宿禰とされる。この武内宿禰の子が蘇我石河宿禰で、彼を祖とするのが蘇我臣・川辺臣・田中臣・高向臣・小治田臣・桜井臣・岸田臣の七氏である。

蘇我氏の出自・出身地をめぐっては、大和国高市郡曾我とする説、同国葛城郡とする説、河内国石川郡とする説、ほかに渡来人説もあって、まだ研究者の間で完全には一致をみていない。このうち渡来人説は一九七一年に門脇禎二氏が発表したもので、以来この説は学界を席捲し、多くの古代史ファンの話題となった。これは、五世紀後半ころの百済官人「木《もく》（劦《ら》）満致《まんち》」と、『日本書紀』履中天皇条にみえる「蘇賀満智」とを同一人物であるとする説である。なぜ門脇氏はこのふたりを同一人物と考えるかというと、ひとつには「木（劦）満致」が五世紀後半ころ百済を出て「南」に「行」ったという記事が、新羅の歴史書『三国史記』（十二世紀成立）

にあるからである（「木刕《もくら》氏」は「木《もく》氏」の複姓で別表記）。

『三国史記』百済本紀（蓋鹵《がいろ》王二十一年・西暦四七五年）をみると、百済の蓋鹵王は、近々高句麗が自国を攻撃すると知ったが、敗色が濃厚であるため、子の文周王を呼んで次のように言ったとある。「私は責任をとってこの国とともに死のうと思うが、汝がここで死ぬのは無益である。汝は難を避けて国王の系譜を継承せよ」。そこで文周王は、木刕満致・祖彌《そび》桀取《けっしゅ》とともに南へ行った（「木刕満致、祖彌桀取とともに南へ行けり」）。この「南へ行けり」を倭国に行ったと捉えるのである。

「木満致《もくまんち》」という人物は『日本書紀』にもみることができる。「応神紀」二十五年条の百済国内に関する記事である。この国では、直支《とき》王が亡くなったあと即位した久爾《くに》辛《しん》王が幼年であるため、この「木満致」が代わりに政務を執った。しかし「木満致」は、王の母と密通するなど無礼なふるまいが多く、天皇によって倭国に召還されてしまった。彼は百済と倭国とを行き来したが、倭国と親しいのを笠に着て暴政を働いたことが反感を買い、結局倭に招致されたと記されている。この記事は『日本書紀』応神天皇二十五年条、つまり西暦二九四年に設定されているが、三干支（一八〇年）下らせると、四七四年となる。百済の有力者で元々倭国ともつながりのあった「木満致」が本国で失脚し、亡命するようにして倭国に渡来した。それが「履中紀」にみえる「蘇賀満智」という名前の人物で、蘇我氏の初代になったというのだ。

木（劦）氏と蘇我氏

一時有力な説として注目を集めた蘇我氏渡来人説であるが、史料からは種々疑問が多い。鈴木靖民氏、山尾幸久氏などこれを支持する研究者もいるが、その後、加藤謙吉氏、坂元義種氏らによって体系的な批判が寄せられるようになった。

このうちまず疑問なのが、「応神紀」二十五年条にみえる「木満致」と、『三国史記』百済本紀にみえる「木劦満致」とが同一人物なのかどうか、である。前者は西暦二九四年、後者は西暦四七五年の人物である。「応神記」の干支は普通二運（一二〇年）くり下げて考えているので、その場合西暦四一四年となる。これを更にもう一運（六〇年）くり下げると、両者の年代はほぼ一致するが、あえてそのような史料操作を行なう必然性があるのだろうか。坂元義種氏が言うように、両者は別人と考えるのが穏当だ。これだけ時代の異なる人物を、名前が同じだからといって同一人物にするのはいささか強引だろう。

同じことは『日本書紀』の蘇賀満智にもいえる。『日本書紀』にこの人物が現われるのは、「履中紀」二年十月条である。

冬十月に磐余《いわれ》に都つくる。是の時に当たりて、平群木菟宿禰・蘇賀満智宿禰・物部伊莒弗

大連・円大使主、共に国事を執れり。

記事の信憑性は措くとして、「履中紀」といえば五世紀前半（四二〇年代〜四三〇年代ころか）に設定されよう。もうひとつこの人物が現われる史料に『古語拾遺』があるが、ここには雄略朝に「蘇我麻智宿禰」が「三蔵（斎蔵・内蔵・大蔵）」を「検校」したとある。雄略朝といえば五世紀後半（四七〇年代前後）であるから、蘇我満智の在世年代についても開きがあり、一定していなかったことがわかるだろう。

このように「木（劦）満致」にも、「蘇我満智」にも、在世年代に関する所伝の錯綜が発見される。この四つの所伝が実は一人の実在の人物に関するものであるとは、とうてい言いがたいのが実状ではないだろうか。

第二に、門脇氏らのいうとおり、もし仮に「木（劦）満致」と「蘇我満智」が同一人物であるとして、なぜ彼は倭国に来てから木氏と名乗らないのであろうか。百済における木（劦）氏は名門貴族で、『隋書』百済伝の記す「大姓八族」（有力な八貴族）の序列によれば、沙氏、燕《えん》氏に継ぐ第三番目に位置づけられている。弱小氏族ならともかく、これほどの家柄の貴族が百済から倭へ移住したとして、なぜ姓の「木（劦）」を捨てるのだろうか。しかも姓は捨てたにもかかわらず、名前の満致（満智）だけは残して、新しく蘇我満致（満智）と名乗ったとするならば、これは誠に奇異であろう。

二百年近くのちのことではあるが、百済が滅亡した直後に倭国へ亡命してきたこの国の貴族たちは、沙宅氏《さたく》や木素氏《もくそ》などいずれも本国での姓をそのまま名乗っている。王族の余氏《よ》は、倭国では「百済王氏」という新たな姓を与えられたが、これは一見して知られるように本国で王位にあったことを示す名誉な名前であった。これらと比較しても、百済の名門貴族が倭国へ来て、蘇我満致（満智）と名乗ることの不自然さが際立つだろう。

木劦満致は倭へ行ったのか？

第三に、すでに加藤氏の指摘があるように、そもそも渡来系の豪族が自らの出自を偽って臣姓を名乗っていること自体、当時ではありえないことである。同じころ倭漢氏や秦氏などの渡来系豪族も活躍していたが、彼らは自らの系譜を隠そうとはしなかった。一部の渡来系豪族が、出自を改変して日本在来の氏族であるかのように称し始めるのは、八世紀以降のことである。蘇我氏が現われた五、六世紀に、こうしたことがあったとは考えがたい。

第四にこの説では、『三国史記』百済本紀の「木劦満致、祖彌桀取とともに南へ行けり」という記事を倭国に行ったものと捉えるが、「南行」がただちに倭国へ行くことと解することにそもそも飛躍があるだろう。『三国史記』百済本紀・文周王の項をみると、その後の経緯についてこのようにある。

高句麗の百済攻撃に際して、父蓋鹵王の命令を受けて都を脱出した息子の文周王らは、新羅に赴きそこで援軍の派遣を求めた。承諾を得た文周王は、新羅の一万の軍隊を率いて百済の王都漢城（現・ソウル）に帰ったが、時すでに遅く都は破壊され、籠城した蓋鹵王も殺されて、高句麗軍は退却したあとだった。文周王は、この漢城で百済王に即位した。

〈5世紀後半の朝鮮半島〉

これからみれば、文周王は新羅へ援軍の要請をしに行ったのである。「南行」

とはそのことであって、決して倭に行ったという意味ではない。門脇氏もこの点は認め、「わたくしも、百済からヤマトへかれが直行したかどうかは疑問だと思う」とし、文周王ら三人は新羅に行き、そこで新羅から一万の援軍を得て百済に帰国、高句麗を撃退したとする。ただ「おそらくこの戦乱の過程に、満智はヤマトに渡来したのではないだろうか」と推測するのである。共に「南行」、つまり新羅へ行った三人のうち、なぜ満致のみが別行動をとって、倭へ行かねばならぬのか、たしかな根拠は示されていない。結局のところ、「木（劦）満致」＝「蘇我満智」という仮説から来る全くの推測といわざるをえないだろう。

蘇我氏は、他の二十六氏とともに、武内宿禰後裔とする系譜を伝えていた。『記・紀』に記されるこの所伝をあえて捨て、憶測に終始する渡来人説を選ぶ根拠はやはり乏しい。

渡来人説の背景

これまで蘇我氏渡来人説が力をもち続けきたのは何故だろうか。それはこの説をとれば、この氏族の国際的な開明性――仏教伝来を推進したり、倭漢氏などの渡来人を配下にもっていたことなど――が、うまく説明できるといったことがあったように思う。

また単なる渡来人ではなく、百済の名門貴族出身ということであれば、この氏の急速な躍進が説明しやすいということもあったろう。

しかしここまで述べてきたように、蘇我氏＝渡来人説は史料上根拠に乏しいといわざるをえない。蘇我氏の急速な台頭とその国際的開明性の背景は、これ以外の説によって説明しないといけないだろう。

蘇我氏＝渡来人説が学界だけでなく、一般の古代史ファンの間でも広まり、いつの間にか多くの人たちにとって通説のように理解されてきたのはどうしてだろう。右に述べた学問的な理由だけではないと私は思う。この説を最初に唱えた先学にその意図がなかったことは言うまでもないが、蘇我氏渡来人説が一般に信じられてきた背景には、この説が古くから日本人に定着してきた蘇我氏逆賊史観とうまく適合していたことがあるのではないだろうか。

つまり、「蘇我氏は渡来人で天皇への忠誠心が薄かった。だから天皇をないがしろにし、これにとって代わろうとしたのだ」という理解である。こういう理解が、知らず知らず多くの人の胸にあったのではないだろうか。そうだとすれば、今も蘇我氏逆賊史観は我々の心を領していることになる。古い先入観から脱することの難しさをあらためて思い知らされる。

もうひとつ人口に膾炙している説に、「蝦夷」・「入鹿」は本当の名前ではなく、大化改新以後に「逆賊」ゆえにつけられた差別的な蔑称であるとする説がある（門脇禎二『「大化改新」史論』上）。ただ、これも今では支持する研究者は少ない。加藤謙吉氏のゆきとどいた研究が示しているように、「鴨君蝦夷」や「佐伯宿禰今蝦蛦《えみし》」、「江沼臣入鹿」「河内連入鹿」と言った人名を、古代の史料に発見することができる。これらは決して恥ずべき名前ではなかった。このほかにも「廬井《いおい》連鯨」や「民直小鮪《たみのあたえおしび》」、「置始連菟《おきそめのむらじうさぎ》」等々、動物に由来する名前は枚挙にいとまがない。おそらくその旺盛な体力、生命力にあやかろうとしての命名であろう。

河内国石川郡出身説

さてこれらの根拠から、まず蘇我氏渡来人説を外すと、この氏の発祥の地としては大和国高市郡曾我説（現・奈良県橿原市曾我町）、同国葛城説（現・奈良県葛城市・御所市）、河内国石川郡説（現・大阪府富田林市、南河内郡周辺）の三説が残る。このうちまず河内国石川郡説について検討しておこう。この説の根拠となる史料は、『日本三代実録』元慶元年十二月二十七日条の、石川朝臣木村と箭口《やくち》朝臣岑業《みねなり》とが、宗岳《そが》朝臣への改姓を許されたという記事である。その内容は、宗岳朝臣への改姓を許された石川朝臣木村が、

一、始祖の大臣武内宿禰の男子、宗我石川は、河内国石川の別業（別宅）に生まれ、この地にちなんで石川を以って名とした。そして宗我の大家を賜り、そこを住居とし、因って宗我宿禰の姓を賜った。

二、その後、天武十三年、朝臣の姓を賜った。このとき、先祖の名（「石川」）を以って、「石川朝臣」を子孫の姓とした。しかしこれは、先祖の名を子孫が名乗っているもので、

諱《いみな》を避ける習わしに反しているので、「石川朝臣」から「宗岳朝臣」へ改姓をしたいと奏上したものである。

黛弘道氏は、ここに蘇我氏発祥の地が河内の石川で、のちに大和の曾我に移住したとの伝承のあることに着目し、河内の石川を蘇我氏発祥の地とされたのである。

しかしこれについては、加藤謙吉氏や日野昭氏に批判がある。第一にかつて蘇我氏が石川と名乗っていたというのは、現在の石川姓を改めるための、口実になっている可能性があること。第二に、武内宿禰の男子の宗我石川が生まれた「石川」はあくまで「別業」であって、本拠ではないこと。第三に、この史料は『記・紀』編纂時からかなり年数が経った九世紀後半の時点のものであること、である。この点、私も全く賛成だ。

これらからすれば、蘇我氏が河内の石川に拠点をもつようになったのは七世紀以降であって、元来の本拠地ではないことが知られるだろう。

蘇我氏の故郷は？

残るのは大和国曾我説と同国葛城説である。このうちいずれが蘇我氏の発祥の地なのか、この問題は、蘇我氏の出自の問題とも不可分の関係がある。

一般に蘇我氏や葛城氏・阿倍氏・平群氏・紀氏といった臣姓を名乗る豪族は、自らの本貫

（出身地）の地名を氏の名として名乗るという原則がある。これからすれば、蘇我氏の本貫は、普通に考えて、大和国高市郡の曾我ということになろう。ここには「宗我《そが》坐《にいます》宗我《そが》都比古《つひこ》神社」という式内社がある。少なくとも六世紀前半以降、この地がこの氏の本貫であったことは間違いない。問題は、もともとの本貫もここだったのか、それともどこか別の土地からここにやってきたのかである。

この問題は、この氏の出自とも関わって重要だ。蘇我氏の出自をめぐっては、五世紀の雄族葛城氏の後裔とする説と、葛城氏との同祖関係は事実ではなく後次的なものにすぎないとする説とが対立している。葛城氏は五世紀最大の勢力を誇った豪族だが、雄略天皇と争って敗れて以後衰退した。前説では本宗・葛城氏の没落後、その支族であった蘇我氏が次第に勢力を拡張して、やがて葛城郡から高市郡曾我へ移住し、新たに「蘇我」という氏の名を名乗るようになったと考える。後説では蘇我氏は葛城氏と親しく同族関係を結んでいたが、それはあくまで擬制的なものであって本来は別の氏であり、元来蘇我氏は高市郡曾我が本貫であったと考える。

葛城出身説の根拠

先に述べたように、通例、臣姓豪族の氏の名はその本貫の地名をとるものであるから、普通には高市郡の曾我が最も有力なはずである。にもかかわらずあえて葛城説が唱えられる史料的根拠は、「推古紀」と「皇極紀」の記事にある。

「推古紀」三十二年条

冬十月癸卯の朔に、大臣、阿曇連《あずみ》〔名を闕《もら》せり〕・阿倍臣摩呂、二の臣を遣して、天皇に奏さしめて曰く、「葛城県《あがた》は、元臣《やつかれ》が本居《うぶすな》なり。故《かれ》、その県に因りて姓名を為せり。是を以って冀《ねが》はくは、常にその県を得て、以って臣が封県と為さんと欲《ねが》ふ」

――冬十月癸卯の一日、大臣馬子は、阿曇連（名を欠く）と阿倍臣摩呂の二人の臣を遣わして、天皇に奏上させた。「葛城県は、元は私の本居であります。そこでその県に因んだ姓名を名乗っております。そこで願わくは、永久にこの県を賜って、私の封県としたいと思います」

「皇極紀」元年条（既出）

是歳、蘇我大臣蝦夷、己が祖廟を葛城高宮に立て、而して八佾の舞を為す。

前者は、蘇我馬子が、推古天皇に対して「葛城県」は元は自分の「本居」であり、これによって自分の姓名も名乗っている。そこで今後長くこの県を得ることによって、天皇から封ぜられた自らの県としたい、というのである。この申し出は天皇により断られるが、葛城県が元の

「本居」であるという馬子の主張が退けられたわけではない。

このうち、馬子の「姓名」が「その県に因りて」命名されている、というのは一見理解しがたい所伝である。ただ『聖徳太子伝暦』(平安時代成立)に「蘇我葛木臣」という人名がみえ、これが馬子の別名とみられるので、そのことを指しているのであろうとみられている。ただそうであれば、馬子が「蘇我葛木臣」というもうひとつの名をもっていたことを『書紀』編者は註記すべきであろうが、それがないのはやはり説明が不十分といわざるをえない。おそらくこの記事を最終的に完成させた『書紀』編者自身も、この部分の原史料の意味がよく理解できなかったのではないだろうか。

後者の記事は先にもとりあげたが、祖先の霊を祀る「祖廟」は日本ではきわめて稀にしか存在せず、「八佾の舞」も日本では他に行なわれた例がない。とりわけ「八佾の舞」は、天子だけが行ないうるものと『論語』に記されているから、蘇我氏の専横を強調するため、『書紀』編纂段階で造作された可能性が高いであろう。祖廟を立てたという記事の信憑性も筆者は疑わしいと考えるが、ただこれが「葛城高宮」と地名を特定している点は注意すべきであろう。ある時期から「葛城」周辺に蘇我氏が「本居」をもつと主張していたことは信じてもいいと思われる。

この二つの所伝から、推古朝末年ころの蘇我氏が葛城を自己の「本居」と捉え、それが当時の支配者層におおむね受け入れられていたことが認められよう。蘇我氏の出自を葛城氏の支流に求める加藤謙吉氏らの説は、これらの所伝を主な根拠としている。

蘇我氏は葛城氏の後裔か?

いっぽうこの説の反証になるのが先に挙げた『公卿補任』の

武内宿禰―蘇我石河宿禰―蘇我満智―韓子―高麗―稲目

という「蘇我石川系図」である。ここでは武内宿禰、蘇我石河宿禰を祖とする独立した蘇我氏の系譜が語られている。『日本書紀』にも、先に触れた「履中紀」二年十月条に「蘇賀満智宿禰」の名前がみえ、同じ「蘇我麻智宿禰」が『古語拾遺』に雄略朝に朝廷の「三蔵(斎蔵・内蔵・大蔵)」を「検校」したとされる。葛城氏が衰退を始めるのは雄略朝ころからであるが、それよりも前の『日本書紀』などの記事に蘇我氏の人名が記されていることからすれば、蘇我氏は葛城氏とは元来別個に存在した氏ということになるだろう。葛城氏と同族関係にあったとしても、あくまで擬制的なものであったことになる。

ただ「韓子」や「高麗」といった人名について加藤謙吉氏は、「ことさら異国風を装った後世的な作為の跡が濃厚」で、高麗以前の蘇我氏の人名は天武朝以後に一括して創作架上された疑いが持たれるとみている。しかし一方ではこれらの人名の信憑性を認める塚口義信氏の反論もあって、判断は容易ではない。

このように、蘇我氏が自らを葛城氏の後裔であると認識していたことを記す「推古紀」や「皇極紀」の所伝と、蘇我氏独自の祖先系譜を伝える「履中紀」や『古語拾遺』などの所伝と、相反する史料があるために実態が把握しにくいのが現状だ。

それは、蘇我とか物部とか大伴といった氏《うじ》の名が実際に名乗られ始めたのが六世紀前半から中頃以後であって、そのころ既に葛城氏は没落してしまっていたことにひとつの原因があるのだろう。つまり葛城氏が栄えた五世紀後半ころまでの倭国では、のちに葛城氏と呼ばれる集団は存在しても、まだ「葛城某」という氏の名前はなく、「无利弖《むりて》」（江田船山鉄刀銘文）や「乎獲居《おわけ》」（稲荷山鉄剣銘文）といった個人の名前しかなかったのである。氏の名前が成立するのは、ちょうど葛城氏が衰退したあとの六世紀になってからであった。そのためこのころには既に葛城氏の本流・支流や擬制的な同族などの区別が、曖昧になってしまっていたと思われるのである。葛城氏と蘇我氏の系譜関係が不分明なのは、そのことと関わりがあるのであろう。

馬子の母は葛城氏か？

近年、蘇我馬子の母を葛城氏の女性であるとする説が、山尾幸久氏や遠山美都男氏によって唱えられている。「さほど有力でもない土豪」(山尾幸久)、「素姓の明らかでない人物」(遠山美都男)であった稲目が、かつての名族葛城氏の女性を娶ったすえに生まれたのが馬子であるというのだ。これは、前掲の「推古紀」三十二年条の馬子の言葉、「葛城県は、元臣が本居なり。故、その県に因りて姓名を為せり」を根拠としている。山尾氏はこの「本居」を生まれ故郷といった意味に解し、「長子女は多くは母親の実家で生まれ育つ」ので、「葛城の地が馬子の『本居』=ウブスナだというのは、馬子が稲目と葛城氏の女性との間に生まれたことを示す」と考えるのである。果たしてこの説は妥当であろうか。

この説によるならば、葛城の地は蘇我氏全体ではなく、馬子ひとりにとっての「本居《うぶすな》」に当たることになる。しかし、「皇極紀」元年条の蘇我蝦夷が自氏の祖廟を葛城高宮に立てたという記事を参照すれば、葛城は蘇我氏全体の発祥の地であって、馬子ひとりの生まれ故郷という意味ではないことがわかるだろう。馬子が葛城を「元臣之本居也」と言ったのも、やはり自氏のかつての本拠という意味に解すべきだ。この記事から馬子の母を葛城氏の出身だと考えるのは根拠に乏しいと私は考える。

では、自氏の発祥の地を葛城に求める馬子や蝦夷の主張は、史実を伝えているのであろうか。注意したいのは、蘇我氏が葛城の地や葛城氏との関わりを強調するようになるのは、前掲の

「推古紀」三十二年条と「皇極紀」元年条とであって、推古朝の末年以後に限られるという事実である。つまりこれは、蘇我氏が中央豪族の中で圧倒的な地位を確立し、大王家に比肩するほどの権勢を得てからのことなのだ。

蘇我氏が系譜上のつながりを強調した葛城氏は、五世紀最大の豪族であった。この氏は、大王家と頻繁に婚姻関係を結び、大王に並びこれに対抗するほどの権勢を得ていた。馬子や蝦夷が葛城の地との関わりや、葛城氏の後裔であることをことさら強調するようになったのは、自らの権勢の拠り所をこの名族の後裔であることに求めようとしたからであろう。こうした政治的意図があったとするならば、その主張もただちには信じがたいのではないだろうか。

こうした考察から私は、蘇我氏と葛城氏の親族関係はやはり擬制的なものではなかったかと考えている。蘇我氏はもとは葛城氏の傘下にいたが、これとは別系統の豪族であった可能性が高いだろう。高市郡曾我がこの氏の発祥の地であり、葛城との関わりはあとから生じたものとみられるのである。

継体の大和定着と蘇我氏

蘇我氏台頭の背景としてかつて比較的有力視されてきたのが、継体天皇没後の安閑天皇・宣化天皇と欽明天皇の二朝並立状態のなかで、欽明を支援したことが功績となったとする説である。大伴氏・物部氏が安閑・宣化を推し、蘇我氏が欽明を推し、最終的に蘇我氏の推す欽明側が勝利を収めたというのだが、『謎の大王 継体天皇』でも述べたように、二朝並立説自体に疑いがあるため、成立は難しいだろう。ただ、稲目の躍進には何らかの政治的な要因があったのではないかと考える点では、私も同感だ。

私はこの点について、難航した継体天皇の大和定着の実現に貢献したことが認められて台頭したのではないかと推測している。

近江北部出身の継体天皇は、五〇七年に樟葉宮で即位したのちも、大和国に入るのに二十年を要した。応神天皇五世孫といわれるきわめて遠い傍系王族の出身とされることもあって、かれの即位に反発する勢力が、大和盆地内に存在したのであろう。私はその勢力を葛城氏ではなかったかと考えているが、蘇我氏や平群氏、巨勢氏など葛城周辺に居た豪族の多くも、もとは葛城氏の傘下にいた。大伴氏や和邇氏、物部氏ら大和盆地東部に位置する豪族たちが一致して継体天皇を支持したのに対し、盆地西部の葛城系の豪族たちは、継体とはしばらく距離を置いていたようである。

葛城氏の衰退と蘇我氏の躍進

ただかつては大王家に対抗するほどの勢威を誇った葛城氏も、五世紀後半に雄略天皇の軍勢に敗れてからは、以前ほどの力は失っていた。五世紀末にこの豪族の血をひく飯豊皇女・顕宗・仁賢が王位を継承したのに伴って、一時的に葛城氏も復権を遂げた（塚口義信『ヤマト王権の謎をとく』による）が、その後は百年近く史料から姿を消してしまう。

六世紀の初頭から前半ころ、葛城氏に代わって同族内の主導権を掌握したのが、もとはその傘下にいた蘇我氏である。六世紀後半の「崇峻即位前紀」に久々に「葛城臣烏奈羅《おなら》」という葛城氏の人名がみえるが、この時点では彼はもはや蘇我馬子の配下になってしまっている。もとは葛城氏が中核となって崇敬されてきた武内宿禰の後裔系譜も、葛城氏の衰退後は蘇我氏の掌握するところとなった。稲目の代に至って、蘇我氏はかつての名族葛城氏の正当な後継者としての地位を獲得したのであろう。

では葛城氏に代わって同族内の主導権を掌握した蘇我氏は、継体に対してどういった態度で臨んだのであろうか。『謎の大王 継体天皇』でも述べたように、彼らは葛城氏とは一転して、継体支持の方向を打ち出し、継体の大和定着を積極的に支援したようにみえる。

継体が念願の大和定着を果たしたとき宮を置いたのは、「磐余玉穂宮《いわれたまほ》」（現・桜井市池之内か）だった。ここは当時最大の豪族だった大伴氏の本拠に近い。大伴氏は、大和入りする継体を自己の勢力圏に招き入れたわけだ。

では継体の皇子で、父と共に大和に入ったとみられる、のちの安閑天皇、宣化天皇はどこに居を定めたろうか。まず安閑の即位後の宮は「勾金橋宮《まがりかなはし》」（現・橿原市曲川町）だが、彼の皇子としての名前も「勾大兄皇子《まがりのおおえ》」であるから、即位前から「勾」に居たことがわかる。ここは蘇我氏の本拠・曾我の地と近く、ほとんど重なりあっている。

宣化の宮は「檜隈廬入野宮《ひのくまいおいりの》」（現・高市郡明日香村檜前《ひのくま》）で、彼も即位前からここに住んでいたことは、「檜隈高田皇子」という名前からうかがえる。「檜隈」は蘇我氏の配下にいた倭漢氏の本拠である。「勾金橋宮」と「檜隈廬入野宮」は、早くに門脇禎二氏が指摘しているように、いずれも蘇我氏との関わりが深い。

こうして見ると、大和に入った継体の一族を、大伴氏と蘇我氏が積極的に自らの勢力圏に迎え入れた事実がみえてくる。継体の大和定着に両氏が大きな役割を果たしたことは間違いないだろう。

これらから、葛城氏に代わって同族内の主導権を掌握した蘇我氏が、これまでの方針を転換して継体支持を打ち出したことが推測されよう。あるいは両氏は継体の支持不支持をめぐって対立し、その結果蘇我氏が勝利を収めたのかもしれない。いずれにせよ、同族内部における葛城氏の衰退と蘇我氏の台頭によって、中央豪族の一本化がようやく実現し、長い間の課題であった継体の大和定着が実現したのだとみられる。

蘇我氏が急速に頭角を現わし、稲目がいきなり大臣に任ぜられたのは、この功績がみとめられたからであろう。その結果、蘇我氏はこののち内外ともに葛城氏の正当な後継者としてみとめられ、かつて葛城氏が所有していたさまざまな権益や地位を受け継いだ。

「蘇我氏あっての王権」

欽明と稲目との姻戚関係は、こうした蘇我氏の実力のもとに成立した。この婚姻は稲目にとって利点があっただけではない。欽明にとっても利点があったはずである。日野昭氏が、このように述べているのに注目したい。

蘇我氏の天皇家との血縁関係の緊密化は、単に蘇我氏の勢力の向上をのみ意味するものではない。むしろ逆に天皇家にとって、この新興の強大な雄族との連繫は王権の基盤を強化するうえに有効と考えられ、事実、王権の安定化に大きく貢献している側面のあったことはみのがされてはならない。

雄略が亡くなった五世紀末以来、武烈天皇の死による仁徳系王統の断絶、継体天皇の即位、磐井の乱、継体没後の政変と、王権には混乱が相次いだ。それが欽明朝に至ってようやく基盤が安定化していくようにみえるのは何故だろう。そこには日野氏がいうように、弱体化していた王権が、蘇我氏と連携することによって実力を回復していった、という状況があったのではないだろうか。従来の「王権あっての蘇我氏」、「王権と結びつくことによって蘇我氏が台頭した」、という視点とは逆の、「蘇我氏あっての王権」「蘇我氏と結びつくことによって王権が力を回復していった」という側面である。我々は知らず知らず天皇（大王）中心の歴史の見方をしてしまうのだが、こうした発想の転換がぜひとも必要であるように思う。

第三章　蘇我氏と渡来人

蘇我氏と渡来系の血

先にも言及したように、稲目以前の蘇我氏の系譜には「蘇我韓子」や「蘇我高麗」など朝鮮系ともみられる名前が散見される。このほかに「蘇我満智」も「木（刕）満致」ら朝鮮系の名前と類似する。とくに「韓子」という名前は、朝鮮系の混血児をさす普通名詞であるという指摘が「継体紀」二十四年条の「吉備韓子那多利《なたり》」という人名の註記にみえる。

大日本の人、蕃の女を娶りて生めるを、韓子とす。
——大日本の人が朝鮮の女を娶って生まれた子を韓子という。

これによれば、蘇我韓子の父は倭人（日本人）、母は朝鮮系の女性である可能性があることになろう。いずれにせよ「韓」、すなわち朝鮮半島との関わりから命名された名前であることは動かない。

これまでとりあげられたことは少なかったが、「欽明紀」二十三年八月条には、蘇我稲目が高句麗の女性を妻としたという記事がある。倭国から兵数万を率いて高句麗征討に派遣された大将軍・大伴狭手彦《さで》が、その勝利に乗じて高句麗王の宮に乱入した。このとき略奪した後宮女性や財宝を、狭手彦は帰国後蘇我稲目に献上したという。稲目は二人の高句麗女性を妻とし、「軽曲殿《かるのまがり》」に置いたとされる。

大臣を務めるほどの倭国の有力者が朝鮮半島の女性を娶ったというのは他に例がないことだろう。稲目と彼女らとの間に子どもが生まれたのか、生まれたとすればそれは誰なのか。興味は尽きないが、史料にはそこまでは記されていない。

入鹿の母は渡来人か?

稲目の曾孫の入鹿は、「大臣の児入鹿、〔更《また》の名は鞍作《くらつくり》〕」とあるように、別名を「鞍作」といった。この名前は、生母の出身氏族を採ったものであろうとする説がある。鞍作氏といえば、後述するように仏師鞍作鳥などを輩出した、蘇我氏とも関わりの深い渡来系豪族である。入鹿にはこの鞍作氏の血が流れていたのであろうか。

ただ入鹿にはもうひとつ「林臣」という別名もあった。林臣は蘇我氏と同じく武内宿禰後裔を称する在来の氏族である。「鞍作」と「林」とどちらが彼の生母の出身氏族なのか、今となっては判断しがたいが片方は乳母の出身氏族である可能性もあるだろう。いずれにせよ、ここでも蘇我氏と渡来系豪族との関わりがみえてくる。

　このように、確言はできないにしても蘇我氏と渡来人との交流は密接で、実際に渡来系の血統がこの氏に交わっている可能性も否定はできない。ただ、だからといってただちに彼らを渡来系豪族だとみるのは誤りである。塚口義信氏が述べているように、蘇我氏自身も周囲の豪族たちも、彼らを倭人だと認識していた。たとえ彼らに大陸の血が一部流れていたとしても、帰属意識はあくまで倭国にあったのである。

中央豪族と渡来人

　またこのように大陸の血をとりこんだ豪族は、決して蘇我氏だけではなかった。たとえば「欽明紀」の外交記事をみると、物部姓を名乗る百済の官人の名前がたびたび現われる。「欽明紀」四年九月条、同十五年十二月条にみえる「物部施《せ》徳《とく》麻《ま》奇《が》牟《む》」（「物部莫奇武連」）、同五年二月条、同六年五月条にみえる「物部連奈《な》率《そち》用《よう》奇《が》多《た》」、同五年三月条に見える「物部奈率奇《が》非《ひ》」、さらに同十五年二月条にみえる「上部《しょうほう》奈率物部烏《かく》」などである。これらの名前に含まれる「施徳」、「奈率」、「上部」はいずれも百済の官位を表わしたものである。彼らは物部と名乗ってはいるが、あくまで百済国の中級官人であった。おそらく倭から百済に移住した物部氏の男性と、百済人女性との混血児とみられ、主として両国の外交交渉に介在していた。

同様のことは、他の有力豪族にも当てはまることであって、元来蘇我氏のみが目立って〝国際的〟な傾向をもっていたわけではなかった。たとえば、五世紀の雄族葛城氏や大伴氏などは大陸にしばしば使者として、また将軍として派遣され、帰国の際には多くの現地の人々を連れ帰っていた。蘇我氏が台頭する六世紀よりも以前には、葛城氏、大伴氏、物部氏らが対外交渉の中心的存在で、国内に移住した多くの渡来人集団をまとめていた。

しかし、五世紀後半から六世紀末の約一世紀のうちに葛城氏、大伴氏、物部氏が相次いで没落し、その間に渡来人集団の多くは蘇我氏の下に組織化されていった。そして彼ら渡来人集団が、文字通り蘇我氏の手足となって活躍していくのである。蘇我氏を語るとき、彼ら渡来系豪族たちの役割を外すことはできない。

蘇我氏と財政

先に私は、朝廷の三蔵の管理を蘇我満智が担当したという『古語拾遺』の所伝をとりあげ、この伝承は蘇我氏が古くから朝廷の財政に関与してきた史実を踏まえているのであろうと述べた。この所伝を以下にあげよう。

蘇我麻智宿禰をして三蔵〔斎蔵・内蔵・大蔵〕の検校をさせ、秦氏をしてその物を出納せしめ、東西《やまとかわち》の文氏《ふみうじ》をして、その簿を勘録せしむ。

蘇我麻智が三蔵（斎蔵・内蔵・大蔵）の検校（監督）を行ない、秦氏が蔵に納める物の出納、東文氏《やまとのあやうじ》と西文氏《かわちのふみうじ》とがその帳簿の記録に当たったというのである。雄略朝の段階でこうした制度が整っていたかどうかは疑問もあるが、蘇我氏が渡来人を利用して朝廷の財政を監督していたことが知られる。

これに関して松本清張は誠に興味深い推察をしている。清張は、「なぜ、朝廷の財政を担当すれば、勢力が強大になるのか」と問う。三蔵や屯倉《みやけ》の出納管理を担当した、いわば「朝廷の計理士」であった蘇我氏が、「主家を超える権力を持つにいたった理由」は何であったのか、この点が歴史家によってまだ明らかにされていないというのだ。

これに対する彼自身の答えは、「これは蘇我稲目の代から朝廷へ納めるべき各地の屯倉の穀を、帳簿上の操作をさせて私したからである。三蔵の出納また然りである」という。当時、帳簿を作成する技術を有していたのは蘇我氏の配下にあった渡来人しかなく、在来の倭人にはまだその能力がなかった。「算盤も、文字の読み書きもできない日本人の官吏に、どうして帳簿の検査や不正のチェックができようか。それができる検査官は帰化人であり、これまた蘇我の息のかかった者である」

したがって、蘇我稲目が強大になった主因は、「朝廷の収入を、帰化人経理係に命じて帳簿数字を粉飾させて公私混同するところにあった、かんたんにいえば公金横領と同様であり、その蓄積によって自家を富ませ、その財力によって勢力を伸長させたのである」というのが結論である。

清張らしい鋭い推測である。そうしたことは確かにあったかもしれない。ただ「公金横領」だけで自家を富ますだけの莫大な富が蓄積できるのかどうか、疑問もないではない。それにしても清張が問うように、「朝廷の計理士」的な性格をもった蘇我氏がなぜあれだけの力をもちえたのかは、謎である。あらためてのちに考えたいと思う。

蘇我氏と渡来人たち

蘇我氏の配下にいた渡来人のなかでも代表的なのが、倭漢氏《やまとのあやうじ》、鞍作氏、それに王仁《わに》や王辰爾《おうしんに》の後裔を称する中・南河内の諸豪族——西文氏《かわちのふみ》、葛井氏《ふじい》、船氏《ふな》、津氏《つ》ら——であった。彼らの多くは文字（漢字）を使いこなすことによって、同時期の倭人系の豪族たちにはとうてい望みえない、高度な行政実務能力を発揮することができた。また彼らは仏教受容に積極的であったし、仏教以外の大陸諸文明の導入にも主導的な役割を果たした。

蘇我氏は六世紀以降、さまざまな新機軸の政策を打ち出していくが、その多くはこうした渡来系豪族を駆使して実行されたものであった。以下では、蘇我氏が実行した政策を、これらの渡来人を通して検証していこうと思う。

倭漢氏と蘇我氏

日本古代の渡来人の中で最も強大な勢力を誇ったのが倭漢氏であったことは、多くの研究者によって認められているところである。

彼らは、朝鮮半島南部の伽耶諸国のなかの一国、安羅《あんら》(安邪)から五世紀後半ころ、大和国高市郡檜隈郷・今来郡一帯に移住してきた集団と考える説が有力である。この氏の枝氏を称する氏はきわめて多く、加藤謙吉氏によると、七世紀末の時点で十八の枝氏が確認できるという。ただ実際に彼らが元来、同じ一族だったかどうかは疑問で、その実態は「王権への職務奉仕を前提として作り上げた擬制的な同族団組織」(加藤謙吉)であったとされている。

先にも述べたように、五世紀後半から六世紀前半ころまで、倭漢氏は大伴氏の配下にいた。『日本書紀』には、倭漢氏の「東漢直掬《やまとのあやのあたえつか》」という人物が、「大伴室屋《むろや》大連」とともに雄略天皇崩後の反乱を鎮圧したという伝承が記されている。雄略は、亡くなる直前「大伴室屋大連」と

「東漢直掬」とに、我が亡きあとは吉備氏を母方にもつ星川皇子の動向にくれぐれも注意せよ、との遺詔を残した。案の定、彼の崩御の直後、星川皇子は母の吉備稚媛《わかひめ》と共に兵を起こしたが、遺詔を守った二人の活躍によって見事に鎮圧された。雄略の軍事的専制王権の確立に、倭漢氏が大伴氏の配下として貢献したことが知られるのである。

しかし欽明朝の初期に大連大伴金村が対朝鮮外交の失策を追及されて失脚すると、倭漢氏は大伴氏とともに蘇我氏に接近し、その配下になった。

蘇我氏と倭漢氏の結びつきを示す史料上の初見は、『元興寺伽藍縁起』所載「塔露盤銘」であろう。ここには飛鳥寺（法興寺・元興寺）の建立に関わった、百済から来朝した僧侶、寺師（寺工）、露盤師（露盤博士）、瓦師（瓦博士）、書人（画工）ら十二名の名前が列挙されている。その末尾に「作り奉らしむる者」として、「山東漢大費直《やまとのあやのおおあたえ》、名は麻高垢鬼、名は意等加斯費直《おとかしのあたえ》」の名がある。この「山東漢大費直」は倭漢氏の人物であって、飛鳥寺の建築・土木事業の監督を務めたとみられている。彼らが土木・建築の分野に長じていたことは他の史料からも確認できる。

いっぽうで倭漢氏には軍事氏族としての一面もあった。第一章で触れたように、馬子の命を受けて崇峻天皇を殺害したのは「東漢直駒」であった。甘樫岡に築かれた蝦夷・入鹿の邸宅の武装の中核を為したのも、また入鹿が殺されたあともなお蘇我氏の側について戦う姿勢を示していたのも、倭漢氏であった。彼らは渡来系という出自も影響して外征軍などの将軍に選ばれることはなかったけれども、事実上蘇我氏の私兵として、重要な戦力を形成したのであった。

飛鳥の開発

倭漢氏の本拠は飛鳥の南の檜隈地方であった。彼らは五世紀後半ころからこの地方に定着し、大陸伝来の土木・建築技術を駆使して飛鳥地方の開発を進めてきた。二〇〇一年、奈良県高取町の清水谷遺跡において、五世紀後半ころのオンドルを備えた大壁作りの建物跡が五棟検出され、そこから朝鮮風の陶質土器や韓式土器も見つかった。倭漢氏の住まいの跡と考えていいだろう。

その少し後、六世紀半ばから後半になって蘇我氏がこの地に進出するようになる。稲目・馬子・蝦夷・入鹿の四代の間に、蘇我氏は飛鳥周辺のあちこちに邸宅を構えた。

『日本書紀』に最も早くみえるのが稲目の「小墾田の家」(「欽明紀」十三年十月条)、次いで「向原の家」(同条)、「軽曲殿」(「欽明紀」二十三年八月条)である。近年、稲目の墓を五条野(見瀬)丸山古墳に当てる説がにわかに有力視されるようになってきたが、この古墳は「軽曲殿」(現・橿原市大軽町付近)の至近の地にある。

馬子の代になると、これに「石川の宅」と、「嶋」の家とが加わった。この「嶋」の家は、

第一章にあげた『日本書紀』の馬子の死亡記事に言及され、彼の別称「嶋の大臣」の由来にもなった、あの豪邸である。この邸宅には、人工の池と嶋が備えられていたというが、これもおそらく倭漢氏など渡来人の土木・建築技術によるものであろう。そのすぐ傍に馬子の墓とされる石舞台古墳がある。

倭漢氏、蘇我氏に続いて、六世紀末には初めて天皇の宮が飛鳥に置かれた。推古天皇の「豊浦宮」（現・高市郡明日香村豊浦）である。推古はさらにその近くに「小墾田宮」（現・高市郡明日香村雷）も築いている。馬子と推古は狭い飛鳥周辺にほとんど重なり合って邸宅群を築き、政権の中枢を形づくっていた。

こうして六世紀末以降、飛鳥地方は政治・経済・文化の一大中心地となっていったのだが、その開発を最初に進めたのは倭漢氏であった。彼らにはこれを可能にするだけの土木・建築の技術力・動員力があったのだ。一方で彼らは蘇我氏の配下にあって、事実上その私兵として働いたのである。

鞍作氏と仏教私伝

倭漢氏は本拠地に檜隈寺を造営し、仏教興隆にも積極的であった。しかし彼らの特色は主に蘇我氏を軍事面、土木建築面で支えたことであったろう。

これに対し、鞍作氏は主として蘇我氏の仏教を支える役割を果たしたと言うことができる。倭国で初めての僧侶がこの氏出身の善信尼、当時十一歳の少女であった。彼女の兄の鞍部多《くらつくりのた》須奈《すな》も出家したし、多須奈の息子は仏師として著名な鞍作鳥（止利仏師）である。鞍作鳥は、飛鳥寺（法興寺）の本尊である丈六仏のほか、法隆寺釈迦三尊像など飛鳥仏の多くを造った。「禅岑記《ぜんしんき》」という今は失われた書物が、「法華験記《ほっけげんき》」という十世紀前半ころの書物に引用され、さらにこれが平安末期成立の『扶桑略記』に引用されている。このなかに継体天皇十六年（西暦五二二年）、この氏の始祖にあたる「司馬達等《しばたつと》」が来朝し、「草堂」を大和国高市郡坂田原に結んで本尊を安置し礼拝したが、世の人は皆これを「大唐神《もろこしのかみ》」とよんだと記されている。この「司馬達等」は鞍作鳥の祖父にあたる。どこまで事実かは判然としないが、このような民間レベルでの伝来（仏教私伝）が欽明朝以前から渡来人によって行なわれたとしても不思議はないだろう。鞍作氏には、仏教公伝以前から独自に仏教を信仰してきたことが伝えられているのである。

「司馬達等」は馬子の側近でもあった。第一章にも述べたが、敏達十三年、百済から鹿深臣と佐伯連が持ち帰った二体の仏像を礼拝するため、馬子は「鞍部村主司馬達等」と「池辺直氷田」（倭漢氏の人物）を全国に遣わし出家者を探させた。このとき播磨国で発見されたのが、高句麗出身の元僧侶「恵便」であった。ただちに彼が師僧となって倭国初の僧侶が誕生した。

これが司馬達等の娘、善信尼ら三人の尼である。

大和国高市郡の坂田寺は、鞍作氏の造立した寺とされている。「用明紀」二年四月条、「推古紀」十四年五月条にその縁起が語られているが、朱鳥元年十二月には、故・天武天皇の百箇日法要の無遮大会《むしゃだいえ》がこの寺でも開かれている。

先述したように、入鹿が「鞍作」とも称したことから、鞍作氏はとくに入鹿と密接な関係にあったことが推定されるが、関晃氏によると、大化改新以降、鞍作氏は史上から姿を消すという。おそらくこの一族の人々は、入鹿・蝦夷と命運を共にしたのであろう。僧侶のなかにこの氏出身の者も多くいたとみられるが、彼らはその後も各寺に住し、仏教界に一定の勢力を維持していたとみられる。

王仁後裔氏族と蘇我氏

倭漢氏、鞍作氏とともに蘇我氏と関わりの深い渡来系豪族として逸することのできないのが、百済から応神朝に渡来したとされる伝承上の人物、「王仁《わに》」の後裔を称する豪族たちである。この「王仁」(『古事記』では「和邇吉師《わにきし》」)は、百済王から倭国に送られた学者で、『古事記』では『論語』や『千字文』を伝えたとされ、『日本書紀』では応神天皇の皇太子・菟道稚郎子《うじのわきいらつこ》の学問の師となったとされている。『記・紀』共に、この「王仁(和邇吉師)」が「書首《ふみのおびと》」等の

〈系図5〉王辰爾とその後裔

貴須王（百済王）─○─辰孫王（王仁）─○─○─午定君─┬─味沙─胆津（白猪氏、のちの葛井氏の祖）
├─王辰爾（船氏の祖）
└─麻呂（牛）（津氏の祖）

始祖」であると記している。「書首」とは河内国古市郡（現・羽曳野市）に勢力を張った西文《かわちのふみ》氏《うじ》のことで、この氏を中心に栗栖首・武生宿禰・桜野首・古志連・蔵首などの枝氏があった。

また葛井氏、船氏、津氏の三氏に関しては、「王辰爾《おうしんに》」という渡来人の後裔であるという伝承が「欽明紀」十四年七月条、「敏達紀」元年五月条、同三年十月条にある。しかしその後、この三氏は延暦九年になって、その始祖をさらに古く遡らせる。このとき彼らは自分たちの祖先を百済の第十四代貴須《きす》王であるとし、その孫の辰孫《しんそん》王が倭に来朝し皇太子の師となり、多くの書籍を倭にもたらした、とした。その辰孫王の四代あとが自分たち葛井氏、船氏、津氏の直接の祖であるというのである。

古く井上光貞氏も指摘したように、ここにみえる辰孫王は先に触れた「王仁」とそっくりの事績をもつ人物で、「王仁」をモデルに造作された人物であるとみられている。この系譜を主張することによって、葛井氏、船氏、津氏の三氏は、事実上、西文氏ら王仁後裔氏族のなかに

〈南河内地方概略図〉　は山岳地帯

(岸俊男『日本古代籍帳の研究』をもとに作成)

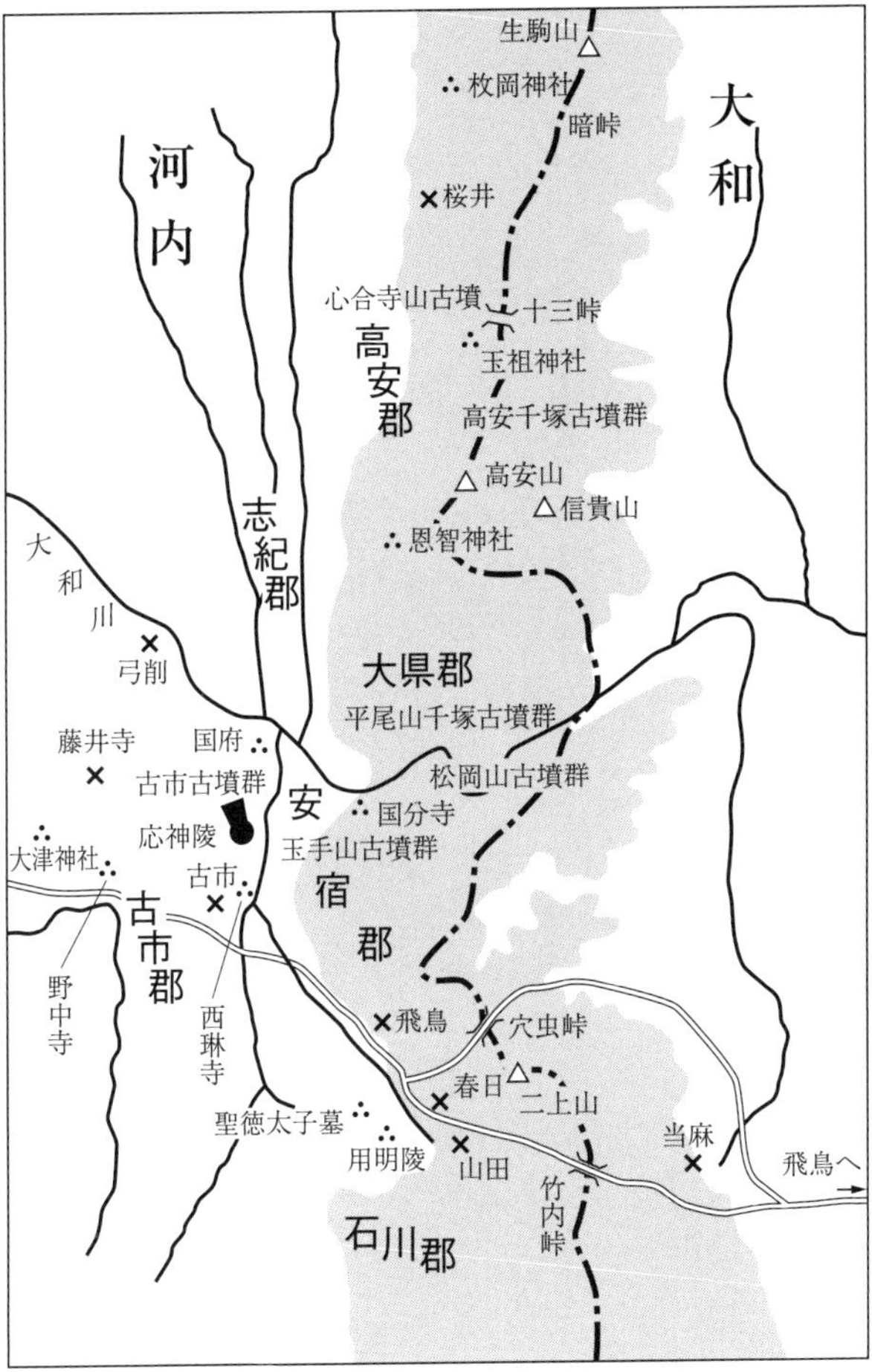

加わったことになる。

こうした擬制的な同族も含め、これら王仁後裔氏族の多くは、河内国の古市郡・丹比《たじひ》郡を中心とする中・南河内地方（現在の大阪府藤井寺市・羽曳野市一帯）を本拠としていた。なかでも西文氏・葛井氏・船氏・津氏の四氏は、とくに蘇我氏と親近な関係にあった。近年これらの豪族について、加藤謙吉・吉田晶・和田萃らの各氏が検討を加えているが、これらを参考にしながら述べていきたいと思う。

まず西文氏に関しては、前掲の『古語拾遺』の雄略朝の段に、「蘇我麻智宿禰をして三蔵〔斎蔵・内蔵・大蔵〕の検校をさせ、秦氏をしてその物を出納せしめ、東西の文氏をして、その簿を勘録せしむ」とあるのが注目される。この記事の信憑性には一部疑問がもたれているのですべてが史実であるとみるのはむずかしいが、それでも六世紀のある時期より、西文氏が蘇我氏の指導の下、学問・文筆のほか、朝廷の倉庫の出納やその記録を担当していたことは認めていいだろう。

現在、羽曳野市古市にある西琳寺《さいりんじ》は、その縁起（『西琳寺縁起』）によると欽明朝に文首阿志《あし》高《たか》が創立したと伝えられている。年代の信憑性は別として、この寺が西文氏の氏寺であることは疑いがないであろう。

王辰爾の後裔氏族＝船氏

次に王辰爾の後裔を称する船氏・葛井氏・津氏について見ていこう。この三氏がそろって祖とする王辰爾という人物は、まず「欽明紀」十四年七月条に記事がみえる。

辛酉の朔甲子に樟勾宮《くすのまがり》に幸す。蘇我大臣稲目宿禰、勅を奉りて王辰爾を遣して、船の賦《みつぎ》を数へ録さしむ。即ち王辰爾を以って船長《ふなおさ》と為し、因《よ》りて姓を賜ひて船史《ふねのふひと》と為す。今の船《ふね》連《むらじ》の先《おや》なり。

——辛酉の朔甲子に、天皇は樟勾宮に行幸された。蘇我大臣稲目宿禰が、勅命を受けて王辰爾を派遣し、船の賦税を数えて記録させた。そして王辰爾を船長と為し、船史という姓を与えた。これが今の船連の先祖である。

天皇が樟勾宮（通説は奈良県橿原市曲川町〈金橋〉だが、近年和田萃氏は樟葉説を主張している）を訪れた際、王辰爾は、「船の賦」（船舶から徴収する通行税であろう）を計算し記録する役割を、蘇我稲目から命じられたという。この功績によって彼は「船長」という官司に任じられ、「船史」という姓を賜ったとされる（のち天武十二年に船連と改称）。これが、この氏族の始まりである。

つぎにみえるのが「敏達紀」元年五月条である。ここでは高句麗からの使者の持参した国書を「諸の史《ふひと》」が読めずに苦労したのに対し、王辰爾がすらすらと読み上げ、烏の羽に書かれたという文字までも解読したことから、天皇と大臣馬子から称賛されたとある。いずれも蘇我氏の下で漢文の解読・書記、税の徴収・記録など、渡来人らしい分野で頭角を現わしたことを示す伝承である。

次に船氏の人物がみえるのは、先にも挙げた「皇極紀」四年六月条、乙巳《いっし》の変の記事である。一族の破滅を悟った蝦夷は、かつて厩戸皇子と馬子とが共同で編纂していた「天皇記・国記」を焼こうとしたが、「船史恵尺」が焼かれる「国記」を取り出して、中大兄皇子に献上したとされる。

今にも灰燼に帰そうとしていたこの書物をとっさに救い出した「船史恵尺」とは、一体どういう人物だったのか。常日頃、蝦夷の側に仕え、この書の編纂に携わっていたからこそ、それができたのではないか、と関晃氏は推測している。

「天皇記・国記」の編纂は「推古紀」二十八年是歳条に記されているが、『書紀』には翌年二月に聖徳太子が亡くなったとされる。以後は馬子ひとりが編纂を引き継いだとみられるが、彼もその五年後に亡くなった。二人の死後は蝦夷が編纂事業を引き継いだのであろう。その下で実際の撰修にあたっていたのが、船史恵尺であったとみられる。

この船氏は、道昭を輩出したことでも知られるように、仏教にも早くから関心を示してきた。現在、羽曳野市野々上にある野中寺は、同氏の氏寺とみられ、本拠もこの辺りであったとみられている。

部と屯倉

つぎに王辰爾の甥の「胆津《いつ》」を祖とする白猪《しらい》氏（のちの葛井《ふじい》氏）についてみてみよう。この豪族は養老四年（七二〇）五月、葛井姓を賜り、名を改めている。現在藤井寺市にある葛井寺は、まさにこの氏の寺であった。

この豪族は、『日本書紀』に散見される吉備国の白猪屯倉《みやけ》との結びつきが深かった。ここで簡単に屯倉と部民《べみん》制について説明しておこう。「屯倉」とは、端的にいえば大和政権の直轄地のことである。具体的には耕作地もあれば政治的・軍事的な拠点もあった。各地の国造《くにのみやつこ》（有力地方豪族）の支配領域を割《さ》き取る形で、王権はこれを拡大していったとみられる。この過程はそのまま大和政権の支配の拡大を反映しているといえよう。

一方、部民制（部の制度）は、日本（倭国）固有のトモ（伴）の制度を基礎として形成されたもので、六世紀初頭ころに百済の「部司制」の影響を受けて、「トモ」を「部」と表記するようになった。この部民制は、「王権に従属する中央・地方の諸豪族が王権の承認のもとに一定範囲の人民を所有し、それを前提として王権に対して各種の奉仕義務を負うという体制」（鎌田元一氏）であった。この制度は、雄略朝（五世紀後半）には全国的な統治方式として整備されたとみられている。

部民制と屯倉制は大化前代の王権の重要な制度であり、両者は並行して機能していくが、屯倉は部民制よりやや遅れて、六世紀以降に全国的な展開をみせる。部民制が諸豪族を媒介とする間接的な支配であるのに対して、屯倉制は王権による直接的な支配である点、また部民制が人間集団に対する支配（族制的編成原理）であるのに対して、屯倉制は土地支配（領域的編成原理）をその本質とする点で、後者のほうがより直接的な人民支配の形態であると考えられている（鎌田元一氏らによる）。

大伴氏・物部氏がその名のとおり部民制（かつてのトモ制）が発展した時期に勃興した氏であるのに対し、蘇我氏が台頭した六世紀前半以降は、新しく屯倉制が進展していく時期にあたる。事実、蘇我氏は自氏の部（蘇我部・ソガ部）よりも、むしろ屯倉の拡大に積極的に貢献した。

早く日野昭氏が、「ソガ部との結合のよわさ、あるいはソガ部統率の未熟さ、ないし総じて部民統御策への低い関心が蘇我氏の権力体制の一つの大きな欠陥であった」とする一方で、「蘇我氏の王権への寄与は、その経済的基盤である屯倉経営に対する貢献においてよくあらわれている」と述べているのは当を得た指摘といえるであろう。

白猪屯倉の開発

蘇我氏が関与した屯倉として知られているのは、白猪屯倉・児島屯倉（吉備国）、韓人大身《からひとおおむ》狭屯倉《さのみやけ》（大和国高市郡）・高麗人小身狭屯倉《こまびとおむさの》（同）、海部屯倉（紀伊国）である。まず吉備の児島屯倉・白猪屯倉に関する『日本書紀』の記事を以下に挙げよう。

A「欽明紀」十六年七月条
蘇我大臣稲目宿禰・穂積磐弓臣等を遣して、吉備の五郡に白猪屯倉を置く。

これが吉備に白猪屯倉が設置されたことを示す記事で、その実態については諸説あるが、おそらく吉備の五つの郡内に白猪部氏の関与する屯倉が分散して置かれたという意味なのであろう。その総称が白猪屯倉だったのであるとみられる。この屯倉の設置のために、蘇我稲目と穂積磐弓臣（物部氏の支族）らが遣わされた。不思議なことに、翌年にも同じような記事が見える。

B「同」十七年七月条

蘇我大臣稲目宿禰等を備前の児島郡に遣して、屯倉を置かしむ。葛城山田直瑞子《みずこ》を以って田令《たつかえ》とす。

——蘇我大臣稲目宿禰等を備前の児島郡に遣して、屯倉を設置させた。葛城山田直瑞子を田令に任命した。

栄原永遠男氏は、AとBは史料系統が違うだけで、実は同一のことを記録したものだと考えている。つまり白猪屯倉＝児島屯倉だというのだ。この点は私も賛成したい。ただ、先に述べたように白猪屯倉が吉備の各地に置かれた屯倉の総称であるとすると、児島屯倉はそのうちの一部であって、ほかにも吉備の各地に屯倉があったのであろう（たとえば美作国の真庭郡など）。つまり白猪屯倉＞児島屯倉ということになる。

児島屯倉の所在は現在必ずしも明らかではない。備前国児島郡は、現在の岡山市・玉野市・倉敷市にまたがる児島半島一帯にあたる。古代、この郡には三家郷《みやけ》という郷があったが、この地名は中世には失われてしまった。にもかかわらず、今日の倉敷市の電話帳を開くと、三宅姓の人名が六ページにわたって陸続と並んでいる。おそらく三家郷だけでなく、児島郡の各地に屯倉が点在していたのであろう。

現在の児島港は、おだやかな瀬戸内海に面した静かな港であるが、昭和四十年代まではこのあたり一面に塩田が広がっていた。この地の塩業の存在は、木簡によって奈良時代までは遡ることができる。おそらく児島屯倉を含む白猪屯倉は、政権にとって重要な農業経営拠点であるだけでなく、瀬戸内海の要衝となる港であり、塩田地帯でもあったのだろう。これを直轄にした意味は大きかったはずだ。

A・Bともにこの屯倉の設置に稲目があたったと記し、葛城山田直瑞子という人物が「田令」（屯倉経営の現地管理官）に任命されているのが注目される。この葛城山田直瑞子という人物は、葛城国造をつとめた葛城地方の土着豪族の出身で、臣姓の葛城氏とは別の氏であるが、稲目の側近的な役割にあったのであろう。

戸籍の作成

もともとは屯倉の管理は、現地の「国造《くにのみやつこ》」をつとめるような有力豪族に委ねられていたものと推定されている。それが六世紀半ばになると、このように中央豪族が派遣されて直接屯倉の経営にあたるようになっていく。さらに次の段階になると、そこで戸籍が作られ、農地と農民一人一人を正確に把握した農業経営が行なわれるようになる。

C「欽明紀」三十年正月条

詔して曰く、「田部を量り置くこと、その来ること尚《ひさ》し。年甫《はじ》めて十余、籍に脱《も》りて課を免るる者衆《おお》し。胆津《いつ》〔胆津は王辰爾が甥なり〕を遣して、白猪田部の丁《よほろ》の籍を検《かんが》へ定めしむべし」とのたまふ。

——天皇が詔して、「田部を設置するようになってから、久しい。年齢が十歳を越えているのに戸籍に脱れ、課役を免れた者が多くいる。胆津（胆津は王辰爾の甥である）を遣して、白猪田部の丁（成年男子）の戸籍を調査し定めなさい」と言われた。

D同年四月条

胆津、白猪田部の丁者《よほろ》を検へ閲《かんがみ》て、詔の依《まにま》に籍を定む。果たして田戸《たへ》を成す。天皇、胆津が籍を定めし功を嘉して、姓を賜ひて白猪史とす。すなはち、田令に拝し、瑞子が副としたまふ〔瑞子は上に見えたり〕。

——胆津が、白猪田部の丁者（成年男子）を調査し、詔のとおりに戸籍を定めた。やっと田戸が成った。天皇は、胆津が戸籍を定めた功績を称えて、白猪史という姓を与え、田令に任命し、葛城山田直瑞子の副官とされた。

CとDは、設置後十数年を経て、「籍」に漏れ、課役を免れる田部（耕作者）が多いために、「王辰爾」の甥にあたる「胆津」なる人物を遣して、「白猪田部の丁の籍を検定」させた、という記事である。「籍」とはいうまでもなく、この土地とそこで耕作に従事する農民（「田部」）とを記録した戸籍のことだ。これを作成した胆津は、その功により「白猪史」という新たな姓を賜った。そして彼はこの屯倉の「田令」に任命され、葛城山田直瑞子の副官となった。

E「敏達紀」三年十月条

蘇我馬子大臣を吉備国に遣して、白猪屯倉と田部とを増益せしむ。即ち田部の名籍を以って白猪史胆津に授く。戊戌に、船史王辰爾が弟、牛に詔して、姓を賜ひて津史と為す。

——蘇我馬子大臣を吉備国に派遣して、白猪屯倉と田部とを増やさせた。そして田部の名を記した戸籍を白猪史胆津に授けた。戊戌に、船史王辰爾の弟、牛に詔し、津史という姓を与えた。

それから五年後、白猪屯倉とその田部を「増益」、つまり拡大したという記事がみえる。この実務にあたったのが馬子であり、白猪史胆津であった。拡大した分の田部を記録した「名籍」は、白猪史胆津に授けられた。

またその直後、王辰爾の弟、牛に「津史」という姓が与えられたという。この津氏に関する史料は少ないが、その名から推察されるように津の管理、とくに難波津や児島港に入る「船の賦」を担当したものとみられる。羽曳野市高鷲にある大津神社はこの氏の氏神であろう。

延暦九年（七九〇）にこの氏は菅野朝臣の姓を賜った。『続日本紀』の編者、菅野朝臣真道もこの氏の出身である。

屯倉と渡来人

白猪屯倉は最初、蘇我稲目と穂積磐弓臣等が派遣されて設置されたと伝えられる。その現地管理官（「田令」）を務めたのが、「葛城山田直瑞子」であった。欽明朝の末年になって、戸籍を作り直すこととなり、「王辰爾が甥」の「胆津」が活躍した。この功が認められて、胆津は「白猪史」という姓を賜った。

先進的な屯倉ではこのように戸籍が作成されたが、その際に実務能力を発揮したのが、白猪史胆津などに代表される渡来人だった。これら王仁あるいは王辰爾の後裔を称する渡来系豪族たちの大半は、河内国の古市郡（現在の藤井寺市・羽曳野市）から丹比郡（現在の松原市・堺市美原町など）に居住していた。

かつて岸俊男氏は、「飛鳥戸道足《あすかべのみちたり》」・「春日戸比良《かすかべのひら》」・「橘戸爾麻呂《たちばなべのねまろ》」など「〜戸某」といった名前をもつ渡来人が河内国安宿《あすか》郡・高安郡に多く居住している事実を指摘し、これらの集団は、この地域に定着する際にこうした名前を政府から与えられ、戸籍に登録されたのであろうと考えた。そして、これが日本における編戸造籍の源流ではないかと推定した。この見解を私も支持したい。

一〇三ページの地図にもあるように、葛井氏や津氏は安宿郡のちょうど西隣りにあたる古市郡を本拠としていた。彼らと「〜戸」姓の人々はちょうど隣り合わせに住んでいたのである。これが偶然でないとすれば、安宿郡・高安郡の「〜戸」姓の人々の戸籍は、ちょうどその隣郡にいた白猪氏や船氏や津氏が作成したものとみられよう。かれらは蘇我氏の指揮の下、その実務手腕を発揮し、各地の屯倉において農民たちの戸籍を作成したのであろう。

屯倉の先進性

このほか蘇我氏が関わった屯倉として、「欽明紀」十七年十月条に記される大和国高市郡の「韓人大身狭《からひとおおむさの》屯倉」・「高麗人小身狭《こまびとおむさの》屯倉」がある。「韓人大身狭屯倉」は百済の出身者、「高麗人小身狭屯倉」は高句麗の出身者を田部（耕作者）として経営された。これらの屯倉は白猪氏や津氏とは直接関係しないが、渡来人の能力を利用した点では共通する。「身狭」とは現在の橿原市見瀬町のことで、ここは蘇我氏の勢力圏であり、また宣化陵や欽明陵とも近い。ここに稲目の主導の下、百済系渡来人、高句麗系渡来人を「田部」とする屯倉が設置されたのである。『日本書紀』のなかには、全部で六十余りの屯倉の名前が記されているが、設置に関与した人物の名が残されている例はごくわずかしかない。そのなかで、以上に挙げたように蘇我氏は抜きんでた存在であったといえるだろう。

とりわけ白猪屯倉に関する史料は『日本書紀』中に豊富に採録されているが、これは白猪史系統の氏族伝承がたまたま多く残存したからであろう。全国各地にはもっと多くの屯倉があったが、それらも主として蘇我氏やその配下の渡来人によって戸籍が作成され、これに基づいて先進的な経営が為されたに違いない。

こうした発展的な屯倉の制度は、後の律令地方制度に帰結する先駆的な意味をもっている。とりわけその先進性として重視されるのは、屯倉という一地域に限られたものとはいえ、初めて「田部」の「籍」を作成し、これに基づいた支配を行なおうとしたことだ。こうした大陸伝来の統治技術の運用に、白猪史を始めとする渡来人は大きな役割を果たした。

傑出した渡来人の能力

ここまで、蘇我氏の配下にあって活躍した三種の渡来系豪族——倭漢氏・鞍作氏・王仁後裔氏族——を選んで、それぞれの果たした役割について考察した。

このうち倭漢氏は蘇我氏の事実上の私兵として活動し、蘇我氏の進める建築・土木事業にも主導的役割を果たした。また、檜隈寺を造営するなど仏教興隆にも貢献した。鞍作氏は、善信尼や鞍部《くらつくりのた》多須奈《すな》など最初期の僧侶を輩出し、鞍作鳥が仏像の製作を一手に引き受けた。西文氏・葛井氏・津氏・船氏といった王仁後裔氏族は、蘇我氏の下で官僚的な役割を担い、とくに屯倉の管理や編籍（戸籍の作成）、船舶からの徴税、難波津の管理、史書の編纂などに貢献した。

思い切って単純化すれば、倭漢氏は軍事と土木・建築、鞍作氏は仏教と仏像製作、王仁後裔氏族は実務官僚と、分類することができようか。大陸の先進文明を身につけた彼らの知的レベルは、当時の倭人（日本人）系の豪族たちを遥かに凌駕していたであろう。蘇我氏の比類なき権勢は、こうした渡来人の能力の上にあった。『日本書紀』は触れないけれども、彼らを使いこなした蘇我稲目・馬子にも相当な才があったにちがいない。

秦氏と蘇我氏は対立したか？

さて渡来人といえば、秦氏の存在を忘れてはならないだろう。秦氏は倭漢氏と並んで渡来系豪族の二大勢力であった。かつてこの秦氏が厩戸皇子と結んで、蘇我氏や倭漢氏に対抗したとする説が平野邦雄氏らによって唱えられ、今も支持する人が多い。蘇我氏・倭漢氏 VS. 厩戸皇子・秦氏という図式の対立である。

しかしこれは先に批判した蘇我氏と厩戸皇子をことさら対立的に捉える先入観によって生み出された仮説であって、近年の研究動向とは必ずしも一致しない見方であろう。たしかに秦氏が倭漢氏ほど蘇我氏と密着していないのはそのとおりだが、だからといって蘇我氏と対立していたとみるのは短絡的である。また逆に秦氏はかつて考えられていたほど、厩戸皇子に密着していたわけでもない。秦河勝が厩戸皇子の「軍政人」なる側近であったとする所伝が『上宮聖徳太子伝補闕記』や『聖徳太子伝暦』などにみえるが、これらはいずれも厩戸皇子を聖人視した平安時代の書物である。その後、厩戸皇子の遺児山背大兄王が蘇我入鹿らによって襲撃されたときでも、ついに秦氏はかけつけることはなかった。また乙巳の変に際し、彼らが改新勢力に積極的に味方したといった所伝も見出しがたい。

そもそも秦氏は政治とは距離を置き、殖産興業につとめた豪族であったといわれる。ライバルといえる倭漢氏と違って、この氏は政治の第一線に身を置くことをあえて避け、山背国の殖産に力を注いだ。そうすることで生きのびてきたのだ。それでもこの氏は前掲の『古語拾遺』雄略朝の段に、蘇我麻智宿禰が「三蔵（斎蔵・内蔵・大蔵）」の検校をしたとき、その下で「出納」の仕事を行なったと記されている。彼らも決して蘇我氏とは無縁ではなかった。

孝徳朝以後の渡来人

前章の最後に、私は従来の「王権と結びつくことによって蘇我氏が台頭した」という視点とは逆の、「蘇我氏と結びつくことによって王権が力を回復していった」という見方のあることを紹介した。それは具体的には、本章でとりあげた渡来人の有する大陸伝来の文化や仏教、先進的な統治技術を、王権が蘇我氏を通して受容することであった。これにより大和政権は五世紀末以来の混迷を脱却し、従来にない安定した政権運営を確立しえたのである。

では蝦夷・入鹿の滅亡の後、その配下にいた者たちはどのような境涯をたどったのであろうか。

倭漢氏のなかに、孝徳朝に登用された人物がいる。「倭漢直比羅夫《ひらふ》（荒田井《あらたい》直比羅夫）」である。彼は「将作大匠《しょうさくたいしょう》」（土木・建設事業の長官）の職につき、難波長柄豊埼宮建設の指揮を執った。軍事とともに土木・建築にもすぐれた才を蔵したこの氏の能力が、ここに生かされたのである。乙巳の変では最後まで蘇我氏側についた彼らであったが、改新政権はその能力を積極的に活用したようにみえる。

蝦夷が最期にあたって天皇記・国記を焼こうとしたとき、その編纂に関わっていたとみられる船史恵尺が国記をとっさに奪い取り、中大兄に献上したことも前に記した。見方を変えれば、彼は最後の最後になって主人蝦夷を見捨て、改新側に回ったのである。国記は、彼が帰順する際の貴重な手土産となったであろう。船史恵尺は少なくとも天智三年までは存命で、「小錦下」（のちの大宝令では従五位下に相当）の位にあった。白鳳期の名僧道昭はこの船史恵尺の子である。道昭は、舒明元年の生まれ。乙巳の変の折は十六歳、白雉四年に二十四歳で唐への留学を許された。

白猪氏のなかにも唐に留学した人物がいる。『日本書紀』天武十三年条に、白猪史宝然《ほね》が唐から帰国したという記事がある。彼はのちに大宝律令の編纂メンバーにも選ばれた。いつ唐へ派遣されたのか、『日本書紀』には記事がないが、当時は留学生に選ばれること自体このうえない名誉であった。自氏から留学生を輩出した船氏や白猪氏が、改新政権において優遇されていたことがわかるだろう。

こうしてみていくと、それまで蘇我氏のもとにいた渡来系豪族の多くが、改新政権でも変わらず重用されていたことがわかる。それは、彼らの官僚としての実務能力が在来の倭人系の豪族たちと比較して、優れていたからでもあろう。彼らの活躍は、その後の白鳳文化を作り上げ、律令国家を形成していく動員力となった。

しかし逆に言えば、そこに渡来人たちの変わり身の早さ、したたかさを見ることも可能である。この点でも彼らは確かに「官僚的」であったといえるかもしれない。

第四章　仏教受容

崇仏論争の信憑性

第一章でみたように、欽明朝の仏教伝来に際し、他の豪族は皆反対したなかで蘇我稲目独りがその受け入れを主張したと『日本書紀』は記している。その後も、敏達朝・用明朝・崇峻朝と蘇我氏は一貫して仏教受容を主張し、これに反対する物部氏や中臣氏らと対立したとされている。ただ、歴代天皇の仏教に対する態度は必ずしも一貫していない。欽明は仏像をみて感激したとされるが実際はいささか傍観者的で、敏達は物部氏らの意見に従って破仏を命じたこともあったと記されている。逆に用明・推古は仏教受容に積極的であったように描かれている。

なぜ蘇我氏は早い時期から一貫して仏教受容を進めようとしたのか。先にも述べたように、蘇我氏＝渡来人説を採るなら、答えは簡単かもしれない。しかしこの説を採らない以上、我々は他の理由を突き止めなければならない。

この問題を考えるとき、どうしても避けて通れないのが、『日本書紀』や『元興寺伽藍縁起』

にみえる崇仏論争の記事をどのように捉えるかだ。百済からもたれされた仏教を蘇我氏は受け入れるよう主張し、物部氏や中臣氏らは反対したとこれらの史料は伝える。しかし果たしてこれらはどこまで信用できるのだろうか。

三つの仮説

この問題に対するこれまでの説を大別すると、以下のように整理できる。崇仏論争はあったとする説（A）、なかったとする説（B）。あったとするなかで、その主たる原因を宗教的な対立に求める説（A1）と、政治的な対立に求める説（A2）。この三種に大別できるだろう。果たしてこのなかでどれが正しいのか。

この三種の考え方を順にみていきたい。

まずBの崇仏論争があったこと自体を否定する説である。これを唱える論者に近年では加藤謙吉氏がいる。氏は、蘇我氏と物部氏の対立を否定するのではない。この対立はあくまで「政治的権力闘争に基づいて出来した」ものであって、仏教受容をめぐる対立はなかった、実際は物部氏も仏教を受容していたというのである。

その根拠として、物部氏の勢力圏である河内国渋河郡・若江郡周辺では渡来系豪族を中心に仏教が浸透していたとみられること、物部守屋を仏教受容に反対した「仏敵」とみなす思想は聖徳太子と関わりの深い四天王寺の古縁起に端を発するものであって、後に付け加えられたものとみられることなどを挙げている。前章でも触れたように、海外でも活躍していた物部氏は、決して排外的な豪族だったわけではない。『日本書紀』に描かれるような、執拗に仏教受容に抵抗し、仏像を破壊し僧侶を打擲するような物部氏像が果たして正しいのかどうか、改めて考える必要があろう。

つぎにA2、仏教受容をめぐる論争はあったけれども、物部氏が受容に反対したのは崇仏派の蘇我氏に対抗する必要からの政治的な理由によるものとする説である。この見解をとるのは日野昭氏らである。氏は崇仏論争の史実性を否定するわけではない。ただ、「仏教を受容するか否かの問題が起らなければ、両氏は対立するに至らず、したがって物部氏の討滅という事態も起りえなかったか」という懐疑から、「両氏内乱の要因は主として両氏の政治的権力闘争によるもので、したがって、仏教の採否をめぐる対立をまつまでもなく、早晩おこるべき状況にあったとみられるであろう」とするのである。このほか、「一見、仏教をめぐる戦争であるかのように見える、いわゆる〝蘇我・物部戦争〟も、実はその本質は皇位継承をめぐる戦争であった」とする塚口義信氏もこの考え方に近いと言えよう。

A1は、政治的対立とともに宗教的な対立のあったことを認める見解である。この見解をとるのは田村圓澄氏や近年では熊谷公男氏、薗田香融氏、本郷真紹氏などである。この場合、仏教受容に宗教的理由から反対したのは誰か、つまり破仏を実行したのは誰かという点で、各氏に見解の違いがある。『日本書紀』に排仏派の代表としてくりかえし現われる物部氏や中臣氏を想定するのが熊谷氏、『元興寺伽藍縁起』に破仏を命じたと記される敏達天皇を想定するのが薗田氏や本郷氏である。田村氏や本郷氏は欽明天皇も仏教受容には消極的であったとみている。

崇仏論争は虚構か?

以下にこの三種の見解を検討していこう。

このうちまずとりあげたいのが、『日本書紀』や『元興寺伽藍縁起』に記される崇仏論争は虚構であって、物部氏や中臣氏或いは、敏達天皇らによって破仏が行なわれたという所伝は史実ではないとするBの見解である。加藤謙吉氏は、物部氏の勢力圏である河内国渋河郡・若江郡周辺において、渡来系豪族を中心に仏教が浸透していたとみられることをその根拠としている。

かつて八尾市の「渋河廃寺」跡を、物部守屋の建立した寺院であるとする説(安井良三氏)が発表されたことがあった。その後これは物部氏ではなく、その同族の阿刀《あと》氏の建立した寺であるとする説(山本昭氏)も出た。その当否は別としても、物部氏の本拠地といってもいいこの地域に飛鳥時代前期に寺院が建立された事実は軽視できない。阿刀氏以外にも、河内国若江郡の錦部氏、鞍作氏など物部氏の勢力圏内には、崇仏的傾向のある渡来系豪族がいた。これらの事実から加藤氏は、「物部氏がことさら、仏教の導入に否定的であったとは考え難い」とするのである。

物部氏に開明的性格があったことや、彼らが排外主義的な豪族でなく反仏教的だったわけではないことには私も賛成である。ただ私が疑問に思うのは、もし国内に仏教受容に反対する勢力が存在しなかったのならば、なぜ仏教伝来（五三八年）から国内初の本格的寺院である飛鳥寺の起工（五八八年）まで半世紀もの年月を要したのか、ということである。そしてその飛鳥寺が、少なくとも当初は天皇ではなく蘇我氏の氏寺として造営された事実をどのように解釈すればいいのだろうか。

この二つの疑問が示唆するのは、ひとつは国内に仏教受容に抵抗する勢力が存在したこと。二つ目は仏教受容は天皇ではなく、蘇我氏の主導で進められたこと、つまり仏教の受容は天皇以下支配者層の一致した意思ではなかったということである。

この点で、私は崇仏論争自体を虚構とする説には従うことはできない。

敏達の破仏は本当か？

では、A1の実際に物部氏あるいは敏達天皇らによって破仏が行なわれたという説はどうであろうか。これは先にも述べた加藤氏の見解にもあるように、物部氏が元来排外主義的な豪族だったわけではないこと、物部氏の勢力圏内に崇仏的傾向のある渡来系豪族がいたことなどからすれば、物部氏らが宗教的理由から仏教に反対したとは考えにくいように思われる。彼らが仏教受容をめぐって蘇我氏と対立したことは事実であろうが、その本質は政権内における権力争いであって、仏教は附随的な問題にすぎなかったとみられる。

では敏達天皇の破仏はどうであろうか。これを伝える具体的な記事は『日本書紀』にはない。唯一「敏達即位前紀」の冒頭に、「天皇、仏法を信じず、文史を愛す」とあるばかりである。ただ『元興寺伽藍縁起』をみると、

大臣（蘇我馬子）、乙巳の年（敏達十四年）、二月十五日、止由良佐岐《とよらさき》（豊浦崎）に刹柱《さっちゅう》を立てて、大会《だいえ》を作す。この会のこの時に、他田天皇《おさた》（敏達天皇）、仏法を破らむと欲したまひ、即ちこの二月十五日、刹柱を斫き伐り、重ねて大臣および仏法に依る人々の家を責め、仏像・殿・皆破り焼き滅ぼし、佐俾岐弥牟留古《さえきのみむろこ》造を遣はして三尼等を召さしむ。泣きつつ出で往く時、大臣を観る。三尼等をひきゐて都波岐《つばき》市の長屋に至りし時、その法衣を脱がして仏法を破滅しき。

――大臣蘇我馬子が、乙巳の年（敏達十四年）二月十五日に、止由良佐岐（豊浦崎）に刹柱

（塔の柱）を立てて、大きな法会を催そうとした。この法会の際に、他田天皇（敏達天皇）は仏法を破壊しようとお思いになり、二月十五日に刹柱を伐り取り、重ねて大臣および仏法に帰依する人々の家を責め、仏像・仏殿を皆破壊し焼き滅ぼし、佐俾岐弥牟留古造（佐伯造御室古造）を遣わして三人の尼をよびだされた。尼らは出で往くときに泣きながら、大臣を観た。三人の尼を率いて都波岐市の長屋に到着した時、佐俾岐弥牟留古造は、その法衣を脱がせて仏法を破滅した。

とある。『日本書紀』は天皇への遠慮から書かなかったのだろうけれども、『元興寺伽藍縁起』ははっきりと天皇による仏教迫害を記しているのである。もしこれが史実に基づくのなら、その背後には天皇の宗教的権威の問題が横たわっている可能性がでてくるだろう。

天皇の宗教的権威と仏教

本郷真紹氏は、仏教伝来時に欽明天皇が傍観者的な態度を示したのも、そもそもこの問題と関わっているとみている。「思想面での大王の存在基盤となるものは、在来の固有信仰の観念にもとづくその宗教的権威である」、「最高の祭祀権者たることがまさに大王（天皇）の大王たる所以を保障するものであった。とすると、大王が積極的に仏教の興隆を推進することは、ともすれば自身の拠って立つ基盤を揺るがすことになりかねない」。それでもまだ欽明朝は、「仏が神の一つとして認識されている」段階であったから、積極的に排斥する必要はなかったけれども、敏達朝の段階では「在来の神々の秩序に悪影響を及ぼすものと観念された」ために、祭祀権者たる敏達は破仏を命じたのだろう、と本郷氏は考えている。

氏も述べるように、まだ仏教の本来の姿が理解されず、「他国神」・「蕃神」・「仏神」としか理解されていなかった伝来当初はともかく、ある程度理解が進んだ敏達朝ころになると、天皇の宗教的権威を揺るがすものとして危険視されることは、当時の倭国ではあり得たかもしれない。

ただ不思議なのは、敏達のあとを継いだ用明・推古らが一転して仏教保護の姿勢を示したことである。この違いの理由は何であろうか。本郷氏は、敏達までの天皇と違って用明と推古は蘇我氏の女性を母にもつので幼児より仏教に親しむ環境にあり、仏教に好意的だったのだろうとした。この点、私も賛成だが、しかし事が「大王の存在基盤」を揺るがす重大事であれば、母方が蘇我氏であるかどうかといったことは枝葉の問題に過ぎないはずではないだろうか。単に用明や推古は蘇我氏を母方に持つので仏教に好意的だったが、敏達は蘇我氏と疎遠だったので仏教を迫害したというのであれば、それは「大王の存在基盤」たる「宗教的権威」などとは関係がない問題なのではないか、と思うのである。

また本当に『元興寺伽藍縁起』にあるように敏達が仏教を迫害したのであれば、そのときは蘇我氏と大王との全面的な対決が避けられない事態になるはずだろう。そうなれば、最大の勢力をもった豪族と大王との一大宗教戦争である。かつて雄略が葛城氏と全面対決に至ったことがあったが、それに匹敵する事態になったはずであろう。しかし『元興寺伽藍縁起』のその後の記事や『日本書紀』を見ても、そうした事態に至ったようには見受けられない。『元興寺伽藍縁起』を見ても、敏達の破仏は、あくまで一過性のこととしか描かれていないのである。

この二点の疑問から、私には敏達が宗教的な理由から本格的な破仏を行なったとは考えられないのである。天皇の破仏を記す『元興寺伽藍縁起』の所伝が全くのフィクションであるとは考えられないけれども、仏教を天皇の存在基盤を揺るがすものとして敵視し、弾圧したといった事実はなかったのではないかと考える。彼の行なった破仏はあくまで一時的、突発的なものだったとみているのである。

政治対立が主原因か

蘇我氏の奉ずる仏教に反発したのは、やはりその最大のライバルであった物部氏であろうと私は思う。敏達が仏教弾圧を行なったのも、両氏の対立に巻き込まれ、一時的に物部氏の側についたことがあったからだろう。

この点で私はＡ２の見解に最も近い。先にも述べたように物部氏は海外交渉に携わった経験も豊富にあり、外来の宗教に対して排外的な態度をとる保守的な豪族であるとは考えにくい。それに、仏教の何たるかがまだしっかり把握されていなかったに違いない欽明朝の段階から、その導入をめぐって宗教的な反発があったとも考えにくい。蘇我氏と物部氏は以前から政権内の主導権をめぐって対立関係にあった。そこへ仏教受容をめぐる問題が絡んでさらに対立に火がついた、というのが真相なのであろう。

そもそも百済王が仏像を欽明に贈ったのは、当時激化していた新羅との戦争を有利に導くための外交的理由からであった。それ以前にも百済は五経博士を定期的に倭国に送り、中国の先進文明を供与していた。その見返りに、倭国は百済に援軍を派遣していたのである。ただ、欽明朝に百済から仏像や経論がもたらされたのは、百済側からの働きかけによるものであって、倭国の側にとくに仏教を必要とする状況があったわけではなかったのであろう。そうでなければ欽明はせっかく贈られた仏像や経論を、稲目に下賜してしまうはずがない。それでも伝来を拒否しなかったのは、百済との友好関係を冷えさせたくなかったためにすぎないだろう。

仏教伝来時の状況

欽明朝の段階では仏教の本質もその重要性もまだ理解されておらず、「他国神」・「蕃神」・

「仏神」といった理解にとどまっていた。そのため百済王から贈られた仏像や経論は、とりあえず欽明から稲目に下賜されただけで終わったのだった。この段階で仏教受容の是非をめぐって、蘇我氏と物部氏らとの間に激しい対立があったとは考えにくい。その後の状況を『元興寺伽藍縁起』は、「然るのち、百済人高麗人漢人、私に少々修行をしてありき」と記している。しばらくは蘇我氏とその配下にある渡来人の間で、私的に細々と信仰が維持されていたわけである。

その後、敏達朝になると、天皇による破仏が行なわれたと『元興寺伽藍縁起』は記す。その直接の原因は、馬子が国内から僧侶を輩出しようとしたことにある。敏達十三年、馬子が高句麗出身の還俗僧・恵便を師として、善信尼、禅蔵尼、恵善尼を倭国初の僧侶として得度させようとした。それまでは大陸から僧が来朝することはあっても、国内の人間が僧侶になったことはなかった。その慣例を打ち破って、馬子はいよいよ本格的な仏教興隆に乗り出そうとしたものとみられる。

仏教受容をめぐる二度目の対立は、これをきっかけに生じた。このころにはもうある程度仏教の本質が理解され始めていたであろうし、物部氏にとっては蘇我氏が仏教興隆を梃子に、さらに朝廷内の発言力を強めようとしていることへの警戒もあったであろう。仏教問題が蘇我氏と物部氏の権力争いにさらに火を点け、再燃させたものとみられるのである。

敏達破仏の真相

敏達による破仏はこうしたなかで行なわれた。先に述べたようにそれは突発的な一過性のものに過ぎなかったけれども、元来蘇我氏とは疎遠で姻戚関係もないこの天皇が、蘇我・物部の対立に巻き込まれた末に、一時的に物部氏の側について仏教を迫害したのは事実であろう。

ただこの時点では、仏教は蘇我氏が奉ずるあくまで私的な宗教にすぎなかった。したがって、敏達には仏教受容によって自らの存在基盤が揺るがされるといった危機感まではなかったとみられる。

敏達としても、仏教弾圧を徹底して蘇我氏と全面的に対立する事態は避けたかったはずだ。蘇我氏は大和政権下、最大の勢力をもつ豪族というだけではない。前章で述べたように、屯倉経営や軍事・土木等の分野でこの氏の政権への貢献は甚大であった。まさに「蘇我氏あっての王権」であったから、蘇我氏を敵に廻すことは大王にとって自分で自分の首を絞めるに等しい。結局天皇による破仏がこのとき一回きりに終わったのはそのためであろう。

飛鳥寺の造立

天皇が仏教興隆に積極的に関わろうとするのは、敏達の次の用明天皇からである。用明は、蘇我稲目の娘、堅塩媛を母にもつ、蘇我系最初の大王であった。

第一章にも述べたように、用明は諸豪族を集め「朕、三宝に帰せむと思ふ。卿等、議れ」と言った。

物部守屋は相変わらずこれに反発し、会議は紛糾したが、それでも蘇我系の天皇の誕生によって潮目ははっきり変わった。以後、蘇我・物部の対立はさらに激化したが、流れは確実に蘇我氏、仏教受容に向いていた。

即位二年目に用明が亡くなると、馬子は先帝敏達の大后豊御食炊屋姫（のちの推古天皇）の詔を大義名分に、諸皇子・諸豪族を率いて穴穂部皇子らを襲撃し、ついで物部一族を滅ぼした。

こうして蘇我氏に対抗できるだけの力をもつ豪族は無くなった。飛鳥寺（法興寺・元興寺）の造営が始まるのはこのときからである。

飛鳥寺の造営に至る過程は、『日本書紀』の他に『元興寺伽藍縁起』にも記載があり、そこには一部異なる所伝もあって、現在も研究者の間で議論が続けられている。さしあたりここでは『日本書紀』の記述に拠りながら見ていきたい。

造営開始の記事は、「崇峻紀」元年是歳条にみることができる。この年、百済が使者と共に僧侶と仏舎利を送り、さらに寺工（寺院建築の工人）・露盤師（塔の露盤の製作技術者）・瓦博士（瓦工人）・画工（仏画などの絵師）を派遣した。いよいよ本格的な寺院を建立したいとの馬子の申し出を受けて、百済が寺院造営の工人を派遣したのであろう。馬子は飛鳥衣縫《きぬぬい》造の祖の「樹葉《このは》」がかつて住んでいた家を壊してそこを飛鳥寺の寺地と定め、「飛鳥真神原《まかみのはら》」と名づけて造営にとりかかった。

同三年十月には、「山に入りて寺の材を取る」とある。五年十月には、「仏堂」と「歩廊」を建立したと記される。翌年の推古元年正月条には「仏舎利を以って法興寺の刹柱の礎の中に置く」とあるので、塔がほぼ完成したことがわかる。四年十一月条には早くも、

法興寺造り竟《おわ》りぬ。則ち大臣の男《おのこ》善徳臣を以って寺司に拝す。是の日に慧慈《えじ》・慧聡《えそう》二僧、始めて法興寺に住めり。

——法興寺を造り終えた。そこで大臣の息子の善徳臣を寺司に任命した。この日から慧慈・慧聡、二人の僧が始めて法興寺に住んだ。

とあって、前年に来朝した慧慈・慧聡がこの寺に入り、寺が発足したと記す。慧慈は高句麗出身で厩戸皇子の師でもあった人物。慧聡は百済出身の僧侶である。寺司に任命された馬子の息子の善徳は、『元興寺伽藍縁起』所引丈六光銘に、

巷奇有《そがう》〔「明子《まこ》」脱落か〕大臣の長子、名は善徳を領《かみ》と為して、以って元興寺を建つ。

とあるように、飛鳥寺造営事業の「領」、おそらく長官であったらしい。「大臣長子名善徳」とあるから、彼は馬子の長男である。

飛鳥寺の完成

それから九年後の推古十三年四月条には、

天皇、皇太子・大臣と諸王・諸臣に詔して、共同にて誓願を発し、以って始めて銅・繡の丈六の仏像、各一軀を造る。乃ち鞍作鳥に命じて造仏の工《たくみ》と為す。是の時に、高麗国の大興王、日本国の天皇、仏像を造りたまふと聞きて、黄金三百両を貢上す。

とある。翌年仏像は完成し、金堂に収められた。これがいま我々が目にすることのできる飛鳥大仏なのであろう。

飛鳥寺の遺構は、昭和三十一年から翌年にかけて、当時の奈良国立文化財研究所によって発掘された。その結果、塔を囲んで三つの金堂が並ぶ、一塔三金堂様式であったことが確認された。塔の心礎からは、舎利と共に埋納された硬玉・碧玉・瑪瑙《めのう》・水晶・金・銀・ガラスの玉・金環（耳飾）等々が発掘された。

私寺か官寺か

この寺を蘇我氏の氏寺（私寺）とみるか、国家的な寺院とみるかをめぐって長く論争が続いている。もともと馬子の発願によって造立が始まったことについては異論は少ないものの、本尊の完成した推古十三年までの二十年近い間のある段階で、蘇我氏の氏寺から国家的な寺院へと発展したのではないか、との説があるのだ。

たしかに前掲の推古十三年四月条には、「天皇、皇太子・大臣と諸王・諸臣に詔して、共同にて誓願を発し、以って始めて銅・繡の丈六の仏像、各一軀を造る」とあって、天皇の詔で本尊が造られたと記されている。これに遡る推古四年十一月条の「大臣の男善徳臣を以って寺司に拝す」という記事も、「寺司」が俗官であるとすると、天皇が任命したものということになる。また、そもそも造営にあたって百済から僧侶や寺院造営の工人が送られていることや、高句麗から黄金が贈られたとあることなども、単なる蘇我氏の氏寺ではなかったことを示しているようにもみえる。『元興寺伽藍縁起』にみえる丈六光銘にも、推古の詔でこの寺が造営されたように記されている。

一方で、『日本書紀』大化元年八月条の仏教興隆の詔には、
小墾田宮に御宇天皇の世に、馬子宿禰、天皇の奉為《おおみため》に丈六の繡像・丈六の銅像を造る。
とあって、推古天皇の為に馬子が造立したと伝えている。
同じ『日本書紀』でも「推古紀」は天皇の詔で飛鳥寺の本尊が造られたとするのに対し、「孝徳紀」大化元年条では馬子が造ったとするのである。

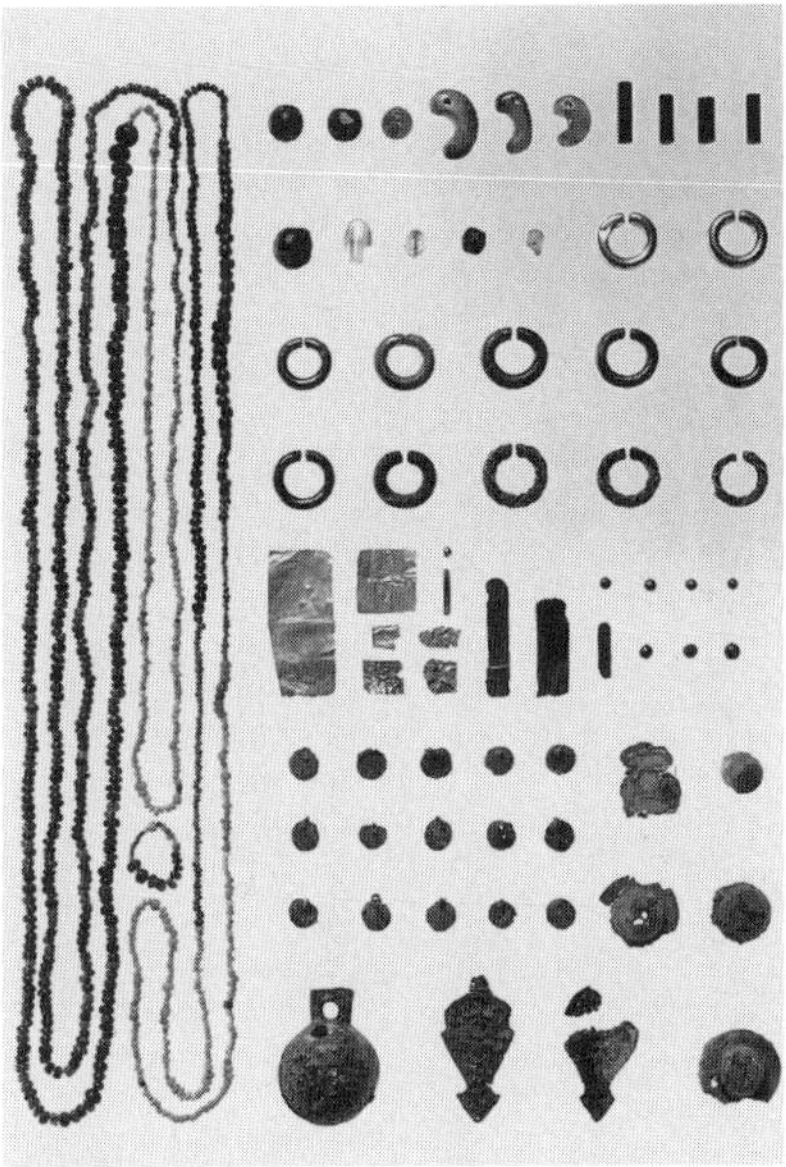
飛鳥寺遺構で発掘された遺物（奈良文化財研究所）

果たして実態はどうなのだろう。私の考えを以下に述べよう。
たしかにこの寺の造営主体が馬子なのか、推古なのか、見極めにくいのは事実である。当時の政権構造は推古と馬子がその核であったこともあって、両者の立場を明確に分けるのはなかなか難しい。用明・崇峻・推古と蘇我氏を母方にもつ天皇が三代続いていたから、両者の血縁的紐帯はかなり強固な

ものであった。

したがって飛鳥寺が馬子によって建立された氏寺であったとしても、推古を始めとする蘇我系の王族にとって、この寺がきわめて近しい存在であったことは想像に難くない。たとえば厩戸皇子は、母は欽明の皇女穴穂部間人皇女であるが、祖母は父方母方ともに蘇我氏の女性であるから、蘇我系王族の一人である。彼が仏教に早くから慣れ親しんだのもその影響があったのだろうが、彼の師僧である高句麗僧慧慈は、先に触れたように飛鳥寺の僧侶であった。したがって、厩戸皇子が飛鳥寺で仏教を学んだことは疑う余地がない。蘇我系王族である以上、この寺との結びつきは当然のことである。

飛鳥寺の本質

あらためて想起したいのは、この寺の造立が、蘇我氏積年のライバルであった物部氏が滅ぼされた直後に開始されていることである。このことは、物部氏があくまで仏教受容に抵抗していたことを示すとともに、この寺の造営が蘇我馬子の発願によることを裏付けるものであろう。もし天皇の発願であるなら、何も物部氏の滅亡を待つ必要はないからである。

このことからしても、やはり飛鳥寺は本来蘇我氏の氏寺であった。そしてそこには蘇我系王族の代表ともいえる推古天皇の強い支持もあったとみられる。その点では、当初からこの寺の造営は国家的事業であったともいえる。百済や高句麗の支援があったのもその現われだろう。当時、蘇我氏と推古や厩戸皇子など蘇我系の王族たちは、一心同体の間柄であったと言っても過言ではない。

私は、本尊の作成について、

馬子宿禰、天皇の奉為《おんため》に丈六の繡像・丈六の銅像を造る。

とある大化元年条の所伝は、案外実態を衝いているのではないかと思う。当初、蘇我氏の氏寺として発願されたこの寺は、造営の過程で推古天皇を始めとする蘇我系王族の崇敬と支援を受けて、国家的な寺院へと成長を遂げた。但しそれは、元来蘇我氏の氏寺であったこの寺に対し、のちに天皇の公的な権力が及んだということでは決してない。実態はその逆であって、蘇我氏の寺である飛鳥寺が、ついに天皇を包摂したのである。この関係に、推古朝の蘇我氏の存在の大きさがまさに集約されていると言ってもいいだろう。

仏教興隆の背景

飛鳥寺の建設を契機に、これ以後畿内では堰を切ったように寺院の建設が行なわれる。「推古紀」三十二年九月条には、このとき全国の寺院・僧侶の調査が実施されたとある。

寺及び僧尼を校《かんが》へ、具《つぶ》さにその寺の造れる縁、また僧尼の入道せし縁及び度せる年月日を録す。このときに当りて、寺四十六所、僧八百十六人、尼五百六十九人、幷せて一千三百八十五人有り。

——寺と僧尼とを調べて、詳しくその寺の創立の由来や僧尼の入道した理由、及び得度した年月日を記録した。このときに寺四十六箇所、僧八一六人と尼五六九人、併せて一三八五人がいた。

仏教考古学の森郁夫氏によると、七世紀の第一四半期（六二五年ころ）までに造立されたとみられる寺院の遺構は、これまで約三十一カ寺発見されているという。まだ発見されていないものも当然あるだろうし、瓦葺の寺院建築でない簡素な「草堂」形式の寺院も相当あったであろうから、推古朝の末年までに四十六の寺院が造立されたという数字はほぼ実数と考えていいだろう。興味深いのは、推古朝ころまでの寺院は畿内に限られ、地方にはほとんどないという事実である。

仏教伝来から飛鳥寺の造営までには半世紀ほどの期間を要したが、その後は短期間のうちに畿内に多くの寺院が造られた。なぜかくも短期間のうちにこれほど多くの寺院が畿内に造営されるようになったのであろうか。

上川通夫氏は、この時期の「仏教の受容主体」を、国政の合議体を構成する畿内有力豪族＝「大夫《まえつぎみ》層」であると考える。「大夫層」が氏寺を建立することによって氏単位の結束を固める狙いがあったこと、および「大夫層」が共に各氏寺で法興寺（飛鳥寺）を中心とする戒律儀式を実施する体制を創出することによって、氏の枠を超えた中央支配者集団の結束を固める狙いがあったものと考えるのである。要するに、仏教が「大夫層」の結束を固めるうえで重要な役割を果たす意味があったというのであろう。

加藤謙吉氏は、飛鳥寺建立後の中央豪族の仏教信仰には、政治・仏教両面において他をはるかに凌駕する優位性を確立した蘇我氏への追随の意味があったと説く。蘇我氏の下に権力が結集する政治体制下では、どうしても蘇我氏との関係の親疎が中央豪族の浮沈に結びつく。そのため中央豪族たちはこぞって氏寺を建立して、自己の仏教への熱意を表明したのである、というのである。

蘇我氏の仏教信仰

倭漢氏や鞍作氏を始めとする渡来系諸氏族の協力のもと、蘇我氏の仏教は興隆の一途を辿った。馬子自身も篤い信仰を抱いていたことは、彼の男子、善徳臣が法興寺の「寺司」に任じられていることでもわかる。彼を蘇我蝦夷のことであると記す分註をもつ『元興寺伽藍縁起』の異本もあるが、のちの付会にすぎないだろう。

「善徳」という名前は、当時としては異質な漢風であり、この前後に「善聡」、「善通」、「善智聡」、「善智恵」、「善光」といった名前の僧が出家したとの所伝（「崇峻紀」三年是歳条）があることからすると、「善徳」も出家していた可能性が考えられるであろう。このことからしても、善徳と蝦夷が別人であることがわかる。意外に思われるかもしれないが、馬子は自分の長子を僧にしたのである。

この史実から私が想起するのは、後年中臣鎌足が自らの長子定恵（貞恵）を僧とし、留学のため十一歳で渡唐させたことである。この渡唐には事実上の間諜として定恵に海外情勢を探らせる意図もあったのではないかと推察されている（直木孝次郎氏）。私もこれに賛成だが、第一義的には、父鎌足の真摯な信仰が背景にあることはみとめなければならないであろう。この点、これに遡る馬子の長子の出家も、同じような動機があったと考えたい。馬子の信仰の篤さは『日本書紀』の種々の伝承にも描かれている通りであるが、ここにあらためてその篤信ぶりをみる思いがする。

これまで往々にして厩戸皇子の高度な仏教理解と対照的に、蘇我氏の仏教は呪術的・現世宗教的な低レベルに留まっていたとする見方が学界でも一般的であった。しかし、こうした史料からすると、馬子や蝦夷の仏教理解は決して皮相なレベルに留まるものではなかったのではないだろうか。一族の善徳や飛鳥寺の僧侶たちから、彼らも仏教に関する様々な知識を得ていたに違いない。蘇我氏と厩戸皇子とを対比し、前者は悪、後者は善とする通念はそろそろ超剋しなければならないと考える。

そもそも他氏族の度重なる反対に遭いながらも、稲目や馬子が粘り強く仏教受容の道を追求し続けた真意はどこにあったのだろう。政治的理由だけでなく、そこに彼らなりの信仰を見てもいいのではないだろうか。

また、当時仏教は東アジア唯一の世界宗教であり、学問・美術・建築・生活規範などを含めた、普遍的な大陸文明そのものであった。その受容なくして倭国の将来はないことに、稲目や馬子は早くから気づいていたのではないか。

『元興寺伽藍縁起』の、仏教受容を主張する稲目の言葉を記そう。

　他国の貴き物と為すものは、我等が国もまた貴きと為すを宜しとすべし。

『日本書紀』にはこうある。

　西蕃の諸国、一に皆礼す。豊秋日本、豈独り背かむや。

これらの言葉を、単に近隣諸国の崇仏の流れに追随したものととるべきではあるまい。後発ではあっても、東アジアの先進文明の中へ臆することなく参入していこうとする毅然とした意欲が読みとれると私は思う。こうした柔軟にして積極的な進取の気風は、以後のこの国の歴史にもしばしば見出すことができよう。蘇我稲目は間違いなく我々の祖先である。

東アジア文明世界へ

『元興寺伽藍縁起』の異本「飛鳥寺縁起」には、飛鳥寺の仏塔の心礎に仏舎利を埋納する際の儀式の様子が描かれている。驚くのは、この豪華壮麗な儀式に際し、馬子始め一族の者たちが皆百済の服を着て現われたというのである。

奇《き》煒《よう》之《の》麗《れい》、具《つぶ》さに陳ぶべからず。荘厳、尽く言ふ能《あた》はず。ここに衆庶会衆《えしゆう》する者、勝《あ》げて計るべからず。共に仏道に帰し、同じく大臣を讃ふ。或ひは出家を願ふ者あり。或ひは善心を発する者あり。衆庶、意に随はざるは無し。嶋大臣併せてふたりの郎子及び従者百余人、皆髪を弁《わ》け百済服を着る。観る者、みな悦こぶ。

——綺麗な有様は詳しく述べることができない。荘厳な有様はすべてを言い尽くすことはできない。ここに集まった多くの人々の数はことごとくを数えることはできない。共に仏道に帰依し、同じく大臣を讃えた。このとき出家を願い出る者もあれば、信心を発した者もいた。人々のなかで大臣の意に随わない者はなかった。蘇我馬子とその二人の息子、及び従者百余人はみな髪を分け、百済の服を着た。これを観た者はみな喜んだ。

このことを以って蘇我氏を百済系の渡来人だとする見解もあるが、それは短絡的な解釈であろう。馬子が百済服を着たのは、前述した父稲目の積極的な進取の意思と軌を一にするものだと私は思う。

飛鳥寺は百済から僧侶、寺工、瓦工人、絵師などの提供を受け、高句麗からも僧侶や黄金を送られて建立された。この寺の造立は、近隣諸国の協力によって初めて可能になったのである。こうして倭国は東アジア文明世界の一角に足を踏み入れることができた。そのことへの感謝の意を、馬子は百済服を着ることで表わしたに違いない。

飛鳥寺完成後、畿内各地に陸続と寺院が造営される。飛鳥文化の開花によって、稲目・馬子の先見性は証明された。

第五章　蘇我氏の二つの貌

激動の東アジア情勢

蘇我氏が台頭した六世紀前半から大化改新の起きた七世紀半ばに至る約一世紀半、倭国をとりまく東アジアの国際情勢はどのように推移していたのだろうか。そして蘇我氏の盛衰に国際情勢はどのように関係しているのだろうか。

当時、朝鮮半島には高句麗・百済・新羅の三国がひしめき、半島南部には伽耶（加羅）と呼ばれる小国の連合があった。これらの国々が合従連衡をくりかえし、抗争を続けていた。

中国大陸では、三世紀前半に後漢が滅亡して以来、魏・呉・蜀の三国時代を経て晋がいったん統一を果たしたが長くは続かず、五、六世紀代には北朝と南朝が対立する南北朝時代が続いた。

長く続いた中国の分裂時代にピリオドを打ったのが、北朝の隋であった。五八一年、北周の静帝から禅譲されて皇帝位に即いた楊堅は、国号を隋、年号を開皇と改め、文帝となのった。

五八九年、文帝は対立する南朝の陳を破り、ついに全国統一を果たした。

朝鮮半島では、新興の小国新羅が躍進し、南北へそれぞれ領土を拡大させた。そのあおりを最も深刻に受けたのが伽耶（加羅）地域の国々だった。伽耶（加羅）の小国連合の盟主・大伽耶国は百済や倭国と連携し、高句麗・新羅の侵攻に立ち向かったけれども、五六二年新羅の侵攻により滅び去った。また、倭国と友好関係にあった百済は高句麗の攻撃に遭って、四七五年に都の漢城を失い、蓋鹵王や王妃・王子たちも殺されてしまった。しかし辛くも生存した王族らが南の熊津に都を移し国を再建した。その後もこの国は高句麗の南下に抗戦し、倭国に援軍を求める一方、その見返りとして五経博士や仏教を送ったのであった。

隋が中国を統一したとき、朝鮮三国はただちに朝貢し、恭順の姿勢を明らかにした。倭国が最初に遣使したのは開皇二十年、西暦六〇〇年のことであったが、このときのことは『隋書』倭国伝にあるばかりで、『日本書紀』には記されていない。

新羅遠征計画

この六〇〇年が倭国では推古天皇八年にあたる。『日本書紀』にはこの年二月、友好関係にあった百済と交戦していた新羅を掣肘するため、境部臣を大将軍、穂積臣を副将軍とする「万余」の新羅征討軍が渡海したと記されている。さらにその二年後の推古十年二月にも、厩戸皇子の同母弟の来目《くめの》皇子を征新羅将軍に選び、新羅攻撃に派遣しようとした。しかしこのときはその一年後、筑紫で出航を待っていた来目皇子が急逝してしまった。すぐに厩戸皇子の異母弟の当麻《たぎまの》皇子が後任に選ばれ、都を出立したが、彼も妻・舎人姫王の死がもとで帰京してしまう。

あいついだ不慮の事故のために、結局その後の新羅征討は実現しなかった。しかし征新羅将軍に同母弟の来目皇子をあてたことでも知られるように、この政策には厩戸皇子が主体的に関わっていたと考えるのが妥当であろう。

ただ、結果的に征討が実現しなかったことを重視して、厩戸皇子の真意はもともとこの征討に積極的ではなかったのだとする見解が、多くの論者に支持されている。たとえば坂本太郎氏は新羅征討が実現しなかった理由を、「私はもともと仏教信仰の聖徳太子が、かような軍事行動には賛成しなかったからではないかと思う」とし、「事故が起こって、これを中止することは、むしろ太子の望む所であったのではあるまいか」と述べている。もともと賛成でなかったから、相次ぐ事故を理由に新羅征討を取り止めたのだというのである。

一読して気づくように、こうした見解には、厩戸皇子＝平和主義者という先入観が介在している。この先入観を脱して史料をみれば、同母弟を将軍に選んだ厩戸皇子の胸に新羅攻撃の構想があったことは明らかであろう。この前後の朝廷に対新羅戦争の気運があったことは否定できない。

親唐・新羅 VS. 親百済？

厩戸皇子が新羅征討に消極的だったという理解が、なぜこれまで通用してきたのか。それは、厩戸皇子＝平和主義者という先入観に併せて、彼の外交を親唐・新羅路線とし、蘇我氏の外交を親百済路線とする見解が有力とされてきたからである。石母田正氏などによって支持されてきたこの考え方によれば、大化改新の目的のひとつは、蘇我氏の親百済外交を打破し、厩戸皇子の親唐・新羅路線を復活することにあったとされる。

しかし、本当に厩戸皇子と大化政権の外交を親唐・新羅方式、蘇我氏の外交を親百済方式といえるのだろうか。この点についてはその後、西本昌弘氏などの批判的な見解も現われている。第一章でも触れたように、かつては厩戸皇子の決断で派遣されたと考えられていた遣隋使派遣が、実際は馬子の意思でもあったらしいことなどを考え合わせると、この図式の万全でないことがうかがえるであろう。

六〜七世紀の倭国の外交基調が親百済的で、隋・唐や新羅と距離があったことはその通りだ。しかしこれはひとり蘇我氏の方針ではなく、時に意見の食い違いはあっても、当時の指導者層にほぼ共通して当てはまる傾向であった。『日本書紀』を通読しても、国内の或る勢力が一貫して親百済的で、別の勢力が親唐・新羅の立場にあったといった証跡は見出しにくい。

対唐外交の遅れ

隋が滅亡し、代わって唐が建国された翌年（六一九）、すぐ高句麗が遣使し、さらにその二年後に百済・新羅が遣使した。朝鮮諸国のすばやい対応と比べると、倭国の遣使は遅々としていた。

六二三年（推古三十一）に僧恵斉《えさい》・恵光《えこう》・医恵日《くすしえにち》・福因ら在唐留学生の第一陣が、十五年の留学を経て新羅の使者に同船して帰国した。このとき彼らは二つの進言を朝廷に行なった。それは、

恵日ら、共に奏聞して曰く、「唐国に留まりし学者、皆学びて業《わざ》を成せり。喚《よ》ぶべし。且《か》つ、其れ大唐の国は法式備はり定まれる珍しき国なり。常に達するべし」とまをす。

――恵日らが共に申し上げた。「唐国に留まっている留学生たちは、皆学業を成就いたしました。召還すべきです。また大唐の国は、法や制度の整備された貴重な国であります。常にこの国と通交すべきです」

という内容だった。すなわち、①在唐留学生の帰国促進、②唐との国交樹立、である。将来

の国の目標が唐の「法式」を導入することにあるのはいうまでもないが、そのためには遣唐使を送り、まだ多く唐に滞在している留学生たちをどんどん帰国させることが必要だ。長年、唐に滞在した彼らがこう考えたのは当然だろう。

唐使との衝突

しかし、これ以後も唐への遣使が促進された形跡はなく、七年後の六三〇年になってようやく倭国は唐に使者を送った。翌年、その返礼に唐使高表仁が来朝した。この折のことは『日本書紀』にも記載があるが、ここでは何の問題もなく高表仁は唐に帰ったとある。しかし対応する『旧唐書』倭国伝には、見過ごせない記事がある。高表仁と倭国の間に或るトラブルが生じ、唐使は皇帝からの国書を伝えることなく帰国してしまったというのである。

貞観五年、使ひを遣はして方物を献ず。太宗その道の遠きを矜《あわ》れんで、所司に勅して歳貢を令せず。又、新州刺史《しんしゅうしし》高表仁《こうひょうじん》を使ひに遣はし、節を持して往きて之を撫《ぶ》す。表仁、綏遠《すいえん》の才無く、王子（王）と礼を争ひ朝命を宣べず、還り至る。

――貞観五年、倭が使者を遣わして貢物を献上した。唐の太宗は、遠いところから来たことを矜れんで、担当の官人に勅して毎年の朝貢を命じなかった。又、新州刺史高表仁を使いに遣わし、皇帝の旗印を持たせて派遣し、この国を撫《しず》めよとされた。表仁は、遠い国を手なずける才覚が無く、王子（王）と礼を争い、皇帝の命を宣べることなく、帰国してしまった。

彼は倭国の「王子と礼を争ひ」、「朝命を宣べず、還」ったという。中国史の西嶋定生氏は、「礼を争う」とは、唐使接待の席上でどちらを上座に置くかで意見が衝突したという意味であろうと推測している。臣従を求めた唐側に対し、倭国はかつて隋に「日出ずる処の天子、書を日没する処の天子に致す。恙無きや」という国書を送ったことでも知られるように、あくまで対等外交を主張したのであろう。

その結果交渉は決裂し、高表仁は皇帝から託された国書を読み上げることなく帰国してしまった。以来、大化改新後まで遣唐使は途絶え、対唐関係は不調に陥る。

対唐交渉決裂の原因

さて、高表仁と礼をめぐって争ったこの「王子」とは一体誰だったのか。当時の有力な「王子」といえば、厩戸皇子の長子山背大兄王のほか、舒明の皇子の古人大兄皇子や中大兄皇子らが候補として挙げられる。異本では「王」ともあるので舒明天皇自身である可能性も捨てきれない。しかし戦後の古代史学を牽引した石母田正氏は、これを蘇我入鹿ではなかったかとみている。「唐使が国政を掌握する大臣蝦夷の子を『王子』と誤認することはあり得る」というのだが、果たしてどうだろうか。

入鹿が政治の表舞台に現われるのは皇極朝からである（「皇極紀」元年正月条に、「大臣の児入鹿、〈更の名は鞍作〉自ら国の政を執りて、威、父に勝れり」とある）。これより十年も遡る舒明四年の時点で、入鹿が「王子」と誤認されるほどの地位にあったとは考えがたい。やはりこれは、文字どおり「王子」あるいは「王」とみるのが正しいだろう。「王子＝入鹿説」は、「蘇我氏＝百済寄り」という石母田氏の先入観と入鹿の横暴なイメージから来たもので、さしたる根拠はない。この史料から、唐との国交が不調に終わった責を蘇我氏に求めるのはいわれなき濡れ衣だ。

高表仁と交渉決裂に及んだ人物が「王」と「王子」、いずれが正しいのかは必ずしも明確ではない。ただ、「王子」が仮に正しいとしても、彼の一存で唐使との外交交渉を決裂できたとは思えない。決裂の原因は、単なる高表仁と「王」あるいは「王子」の偶発的感情的なトラブルなどではなく、以前から唐との国交に消極的だった当時の朝廷全体に帰着するものであろう。これは唐の建国後長く遣使をしなかったことでも窺えるように、当時の倭国の一致した外交基調であった。かつて隋に遣使し、八人の留学生を派遣したころの中国に対する熱意は、このころには随分冷めてしまっていたのである。

その原因となったのが、小野妹子の派遣から六年後の推古二十二年（六一四）に派遣された遣隋使であったと考えられる。当時の隋は国内が混乱しており（滅亡の四年前）、そのため犬上君御田鍬《いぬのかみのきみみたすき》ら使者は、都まで達することなく帰国したとみられている。このときの遣隋使が『隋書』倭国伝に記されていないのもそのためであろう。使者は擾乱した隋の様子を奏上したとみられ、これが以後の「中国離れ」を招いたに違いない。くりかえすように、そこには天皇家、蘇我氏、その他に意見や立場の相違はなかった。

百済と親しく、隋・唐や新羅と距離があったのは一貫した倭国外交の基調であって、蘇我氏が百済寄り、厩戸皇子が唐・新羅寄りといった明確な傾向があったかどうかは疑わしい。また改新政権の外交方針も、決して親唐・新羅的なものでなく、改新の前後に外交方針の大きな転換があったようにはみえないのである。

改新前夜の国際情勢

大化改新の要因に外交問題、とくに対朝鮮をめぐる外交が絡んでいるという指摘がこれまでから有力視されてきた。たしかに大化改新前夜の東アジアは緊迫した状況にあった。まず六四一年、唐の太宗は高句麗討伐の決意を固めたが、翌年その高句麗でクーデターが勃発した。大臣の泉蓋蘇文《せんがいそぶん》が王宮に乱入して、栄留王、大臣以下百余名を殺害し、傀儡の王を立てて政権を事実上掌握したのである。「唐の攻撃近し」との危機感が、軍事的専制王権を生んだのであろう。泉蓋蘇文は対唐強硬策をとった。

百済では前年に義慈王が即位し、専制的権力を握った。六四二年になると、義慈王は新羅を攻撃し、新羅南西の四十の城を奪取した。義慈王はさらに泉蓋蘇文の高句麗と結んで党項城を奪取し、新羅と唐の連絡路を絶った。

高句麗・百済から攻撃を受け、劣勢を強いられた新羅は、唐に救援を求めた。唐は援軍を出す代わりに、現在、王を務める善徳女王に代えて、新しく唐の王族を新羅王に迎える案を提示した。この屈辱的な提案を受けるか否かをめぐって新羅国内は二分され、六四七年にはこの国でも政変が起きた。

さて、六四四年に唐は高句麗に対し新羅への侵攻を止めるよう諭したが拒否されてしまう。面子を潰された太宗が高句麗遠征を実行したのはその翌年のことである。

大化改新はこのように東アジアの動乱の真只中で起きた。高句麗・百済・新羅と相次いで起きたクーデターや、唐の高句麗遠征といった緊迫した国際情勢が倭国にも影響を及ぼし、この政変を起こさせたとみる見解が現在では主流といってよい。

ただ朝鮮三国が互いに侵攻をくり返し、さらには唐の高句麗遠征という事態を迎えて国の存亡を賭けた状況にあったのと比べると、倭国にそこまでの緊迫した状況があったわけではない。

しかも改新後の政府に、顕著な外交政策の転換があったようには見えないのも先に述べた通りだ。

入鹿が殺されたあと、古人大兄皇子が口走った「韓人、鞍作臣を殺しつ〈韓の政に因りて誅せらるを謂ふ〉。吾が心痛し」という言葉から、対朝鮮政策の対立が政変の要因であると推測する見方もある。しかし、このあまりに謎めいた短い言葉に拘泥するのは適切ではなかろう。

これらからしても、緊迫した国際情勢が政変の遠因にはなっているとしても、これが主たる要因だったとする説にはただちには賛成できない。

「根なし草」の蘇我氏

つぎに蘇我氏の内政について検証してみよう。先述したように、蘇我氏は配下の渡来人を駆使して全国に屯倉を拡大するのに大きな働きがあり、これによって大和政権の勢力拡張に多大なる貢献を果たしてきたのであった。その一方で、自氏の勢力拡張はどのように図ったのだろうか。

第三章で述べたように、蘇我氏は自氏の部《べ》（蘇我部・ソガ部）よりも、むしろ屯倉の拡大に積極的に貢献したようにみえる。この点、日野昭氏もいうように、彼らの立場は「微妙」だったはずである。なぜなら、「蘇我氏は一方では自氏の勢力拡張を考え、他方では天皇氏の政権維持に協力していたことになる」からだ。日野氏は「しかしこのようないわば二重の意向は大臣や大連として執政の地位にあるものとしては、たいていは直面する事態であったともいえよう」とし、「必ずしも自氏の勢力拡張をはかるのではなくても、朝廷における功績がみとめられれば天皇氏より領地を賜与されることもあろうし、地方豪族よりの委付ということもあろう。また蘇我氏みずから開発にあたる場合もあったと考えられる」という。それにしても、官僚的な性格をもって屯倉の拡大に努める側面と、豪族として自氏の領地や部の拡大に努める側面と、矛盾する両面が蘇我氏にはあったわけだ。

早く日野昭氏は、「ソガ部との結合のよわさ、あるいはソガ部統率の未熟さ、ないし総じて部民統御策への低い関心が蘇我氏の権力体制の一つの大きな欠陥であった」と述べた。これを氏は「地方在地勢力に結びつかない、根なし草のような性格」と評した。

蘇我氏による物部の侵食

のちに加藤謙吉氏は、そうした弱点が蘇我氏にあったことは認めながらも、彼らがこれを克服しようとしていた事実を明らかにした。それは、蘇我氏が物部氏本宗家を滅ぼした後、物部氏の支配下にあった土地や人民の多くを収奪した事実である。これは「皇極紀」二年十月条に、蘇我大臣蝦夷、病に縁《よ》りて朝《まい》らず。私に紫冠を子入鹿に授けて、大臣の位に擬《なずら》ふ。また其の弟を呼びて、物部大臣と曰ふ。大臣の祖母は、物部弓削大連の妹なり。故、母が財に因りて、威を世に取れり。

——蘇我大臣蝦夷が、病のため朝廷に出なくなった。勝手に紫冠を子の入鹿に授けて、大臣の位に擬した。また入鹿の弟を、物部大臣とよんだ。この物部大臣の祖母は、物部弓削大連の妹にあたる。そこで母方の財力によって、威勢を世に示したのである。

とあることでもわかる。馬子は宿敵物部守屋の妹と結婚し、この間に蝦夷をもうけていた。彼が物部氏を滅ぼした後、その子蝦夷は母方の物部氏の財産を継承し、さらにこれを二男である入鹿の弟に相続させ、「物部大臣」と名乗らせたのである。「母が財に因りて、威を世に取れり」とあることでもわかるように、この財産は莫大であった。

加藤氏はさらに、全国に分布している蘇我部（蘇我氏の所有する領有民）と物部（物部氏の所有する領有民）が同一国の同一郡内に重複して存在する例が多いこと（蘇我部と物部の重複率は五三・六パーセントで最高）を指摘した。そしてその理由を、物部氏の滅亡後、多くの物部が蘇我部に「所轄替え」されたためと推測した。「あくまでも王権の財政面での管理者にすぎない」、「経済的基盤は非常に貧弱な状態」であった蘇我氏が、「政治的権力に比して一段と劣弱な経済的基盤の拡充を緊急に達成」しようと図ったのだというのだ。

脆弱な一面

蘇我氏の基盤が案外脆弱だったことは、軍事力の面においても指摘されている。加藤謙吉氏は、「軍事的伴造として台頭した大伴氏や物部氏と異なり、蘇我氏にはこれといった有力な軍事的基盤が存在しない」とし、「親蘇我的性格を持つ東漢氏や大伴氏の軍事力に依存することによって、あるいは王権に仕える群臣たちの私兵に動員をかけることによって、初めて纏まった一つの兵力を構成することが可能であった」と述べている。

たしかに蘇我・物部戦争や山背大兄王殺害事件などでは多くの豪族の軍勢の参加を得たけれども、入鹿殺害の後は倭漢氏と高向臣らのほかには味方につく豪族はいなかった。真の意味で蘇我氏の私兵といえる軍事力は案外乏しかったのである。

これらの事実から見ても、実は蘇我氏の豪族としての独自の経済的、軍事的基盤は本来必ずしも抜きんでたものではなかったことがわかるだろう。むしろ彼らには官僚的な性格が強かった。しかも彼らは自分自身が官僚的であるに留まらず、大和政権に参画する中央諸豪族すべてを国家のために働く官僚に再編していこうとしていた。それが冠位十二階である。

冠位十二階

冠位十二階は、推古十一年十二月条に制定の記事がある。それは、大徳・小徳・大仁・小仁・大礼・小礼・大信・小信・大義・小義・大智・小智の十二階に個人を位置づけるものであった。これらの位は個人に与えられるもので、昇進も可能であった。この制度の趣旨が、官僚制度を推進していくために出身氏族や姓にこだわらず、個人の功績や能力によって人材を登用しようとしたものであることは明らかである。

冠位十二階というと、一般には厩戸皇子が制定したものという印象が強いが、『日本書紀』にも『上宮聖徳法王帝説』にも実はそのような記述はない。

『日本書紀』には、

十二月戊辰の朔壬申に、始めて冠位を行ふ。大徳・小徳・大仁・小仁・大礼・小礼・大信・小信・大義・小義・大智・小智、幷せて十二階。並びに当れる色の絁《きぬ》を以って縫へり。

『上宮聖徳法王帝説』には、

少治田宮御宇天皇之世、上宮厩戸豊聰耳命、嶋大臣、共に天下の政を輔《たす》けて、三宝を興隆し、元興・四天皇等の寺を興し、爵十二級、大徳・少徳・大仁・少仁・大礼・少礼・大信・少信・大義・少義・大智・少智を制す。

とある。

このように、『日本書紀』には誰が制定したとは書いておらず、『上宮聖徳法王帝説』には、厩戸皇子と馬子の二人が制定したものと記されている。この制度については、早くから井上光貞氏、黛弘道氏らの先学により二つの特徴が指摘されている。

それは、(一)冠位を授与されたのが中央豪族に限られていること、(二)厩戸皇子はもとより大臣蘇我馬子も冠位を授与されていないことである。

第一の特徴である、この制度が中央豪族のみを対象としていたことは、大化前代の大和政権の実態をよく反映している。六世紀前半の継体・欽明朝ころに、大和政権では大臣・大連・大夫《まえつぎみ》らによる合議制的な政治体制が確立された。しかしそのメンバーは蘇我・大伴・物部を始めとする中央豪族によって独占され、地方豪族は排除されていた。冠位十二階が中央豪族に限定されていた事実は、このこととよく符合している。地方豪族にまで官位が与えられるようになるのは大化以後のことだ。このことは、冠位十二階が蘇我氏を始めとする中央豪族の意向を受けて制定されたことを意味しているだろう。

第二の特徴である、馬子に授与されていないのはどうしてだろうか。既に指摘されているように、これは厩戸皇子と馬子とが実質的な冠位の授与者であったことを示していよう。馬子は冠位をもらう側ではなく、与える側だったのだ。ただ馬子には、大臣の地位のあかしとなる紫の冠が天皇から与えられていた。前出の「皇極紀」二年十月条、「蘇我大臣蝦夷、病に縁りて朝らず。私に紫冠を子入鹿に授けて、大臣の位に擬ふ」という、あの紫の冠である。これは、大徳から小智まで十二階に位置づけられた官僚（豪族）の頂点に君臨し、これを統率する権限を与えられたことの象徴なのであろう。

この二点にこの制度の特徴が集約されている。そもそも大和政権において最も早くから官僚的な役割を担ったのは、第三章でとりあげた倭漢氏や西文氏や船氏や津氏や葛井氏などの渡来系豪族たちであったに違いない。彼らは稲目や馬子の指導の下、すぐれた実務行政能力を発揮し、六世紀以降の国家機構の整備に多大の貢献を果たした。やがて彼らに続いて倭人系の中央豪族たちもこうした能力を培い、官僚的な役割を担うようになっていったであろう。こうした豪族官僚化の流れの先頭に立って、これを推し進めていたのが蘇我氏であった。

官僚の上に立つ馬子

このように考えていくと、冠位十二階制定の実質的な主体は、厩戸皇子というよりむしろ馬子にあったことが推定できる。もし厩戸皇子主導で事が進められたのであれば、冠位が中央豪族に限られた理由も、馬子が冠位から超越していた理由も明快には説明しがたいであろう。

　十二階に組織された官人＝中央豪族の頂点に立ち、実質的にこれを統率していたのは馬子であった。彼は中央豪族によって構成される官僚集団の、いわばトップの座に君臨していたのだ。一方の厩戸皇子は先述したように、推古・馬子の下で執政官的な立場にあったが、この官僚組織の指揮命令系統からは別のところにいたといわなければならない。

　いまあらためて馬子や蝦夷らに関わる『日本書紀』の記事を仔細に読んでみると、彼らの政治的地位は、単に中央豪族中の第一人者というには留まらないものであったことがわかる。

　まず前掲の推古三十二年条、蘇我馬子が推古天皇に対し「葛城県」は元は自分の「本居」であるとして、その返還を要請した記事である。この記事の内容についてはすでに触れたが、ここで着目したいのは、この申し出を馬子は直接推古に奏請せず、「阿曇連〔名を闕せり〕」と「阿倍臣摩呂」の二人を遣わしてその意思を伝えている点である。この点に、馬子が既に天皇と対等に近い地位を築き上げていたことが垣間見えるのではないだろうか。

　しかも馬子によって派遣された使者のなかに、阿倍氏が含まれていることにも注意したい。阿倍氏は、蘇我・大伴・物部ら大臣・大連を歴任した雄族に次ぐ、大夫《まえつぎみ》のなかではトップ級の豪族である。この阿倍氏が事実上馬子の配下として、代奏に使われているのである。

高まる大臣の権威

馬子や蝦夷が、有力豪族を使って天皇あるいは皇族に代奏した記事は他にもある。推古の後継者をめぐって、舒明と山背大兄王とが争った「舒明即位前紀」の記事である。この記事も先に触れた。その折、山背大兄王と蝦夷の間にはたびたび使者が派遣された。あらためてこの記事をみてみよう。

まず蝦夷は、阿倍麻呂臣と謀って群臣《まえつぎみ》たちを私邸に招き、饗応ののち合議を開いた。しかしこの場において彼は直接口を開かず、阿倍臣を通して自らの意向を知らせている。こうしたやり方からも、蝦夷が群臣より一段も二段も高い位置にあることが察せられよう。

このあと山背大兄王は、腹心の三国王・桜井臣和慈古を蝦夷のもとに遣わしてその真意を尋ねさせた。対して蝦夷は、阿倍臣・中臣連・紀臣・河辺臣・高向臣・采女臣・大伴連・許勢臣の八人を遣わして三国王・桜井臣和慈古を通して山背大兄王に返答している。このように二人は直接会うことは無く、使者を介して意思をやりとりするのだが、ここに両者の対等に近い関係がうかがえるだろう。

しかも王の立てた使者二人がさほどの有力者とは思えないのに対して、蝦夷の立てた八人はすべて大夫級の錚々たる中央有力豪族である。蝦夷が群臣の上に立ち、彼らを事実上の配下として使役していたことがここでもわかる。

事実、蝦夷自身がこの記事の中でこう言っている。

磯城嶋宮《しきしまのみや》御宇《にあめのしたしらしし》天皇《すめらみこと》の世より近世に及《いた》るまで、群卿《まえつぎみ》皆賢哲なり。唯、今臣不賢にして遇《たまたま》に人の乏しき時に当たり、誤ちて群臣の上に居るのみ。

――欽明天皇の世より近世にいたるまで、群臣はみな賢明な人々ばかりでした。ただ、今私は不賢ではあるが、たまたま人材の乏しい時にあたって、間違って群臣の上にいるだけです。

自分は「不賢」でその資格はないように言ってはいるが、「群臣の上に居る」ことははっきりと認めている。

かつては大王と大臣・大連・大夫ら中央の有力豪族によって構成された大和政権の合議制であったが、このころには、事実上大臣の下部機関になってしまったのだろう。事実、このころよりのちの合議に天皇が同席した確証はなく、合議の開かれた場所も「舒明即位前紀」の記事では蝦夷の私邸であった。

もともと豪族としての経済的、軍事的基盤は必ずしも卓抜した存在ではなかった蘇我氏は、有能な渡来系豪族を率いて官僚的な性格をもって王権に貢献し、その地位を高めていった。彼らは冠位十二階の制定によって中央の有力豪族をも官僚として組織化し、大臣の下で朝廷に奉仕させることに成功した。馬子や蝦夷らは自らの権威に自信を深めて行ったに違いない。

王族に頼られる蘇我氏

すでに彼らには王族に匹敵するほどの権威が備わっていた。このことは次の記事からもわかる。山背大兄王の弟、泊瀬仲王が中臣連・河辺臣に託して、蝦夷に伝えた言葉である。

我等が父子、並びに蘇我より出でたり。天下の知る所なり。是を以って高き山の如く恃《たの》みとす。願はくは、嗣位はたやすく言ふこと勿れ。

——我等父子はいずれも蘇我の出身です。これは天下の知るところであります。そこで我々は蘇我を高き山の如く恃みにしております。願わくは、次期天皇のことは簡単に発言しないでください。

「我等が父子」とは、父が厩戸皇子、子が山背大兄王や泊瀬仲王たちのこと。つまり厩戸皇子の一族（上宮王家）全体が、蘇我氏の出身であり、蘇我氏を高い山のように恃みにしている、という意味である。

同種の言葉はかつて推古天皇も吐いていた。たびたび取り上げている推古三十二年条、馬子が推古に「葛城県」の割譲を求めた記事である。この申し出を女帝は断った。そのときの言葉を引用しよう。

今、朕則ち蘇何《そが》より出でたり。大臣は亦、朕が舅《おじ》なり。故、大臣の言は夜に言《まお》さば夜も明かさず、日《あした》に言さば日も晩《くら》さず、何の辞をか用ゐざらむ。然るを今、朕が世に頓《にわか》にこの県を失へば、後の君曰く「愚痴《おろか》なる婦人、天下に臨みて以って頓にその県を亡せり」と曰はむ。豈独り朕が不賢のみならむや、大臣亦、不忠になりなむ。是、後葉《のちのよ》の悪名ならむ。

――今、朕は蘇何の出身である。大臣はまた、朕にとって舅（叔父）である。そのため大臣の言ったことは夜であれば夜の明けぬうちに、朝に言ったことであれば日が暮れぬうちに、どのような言葉でも用いないことはなかった。しかし今、朕の世ににわかにこの県を失えば、後世の君主は、「愚かなる婦人が天下を治めたために、にわかにこの県を失った」と言うであろう。それは朕ひとりが賢明でなかったと言われるだけであろうか。大臣もまた不忠の臣と言われるに違いない。後世の悪名になってしまうだろう。

注目したいのはその冒頭、「今、朕則ち蘇何より出でたり」である。たしかに推古の生母堅塩媛は蘇我稲目の娘であり、馬子の姉妹であったから、彼女にとって蘇我氏は母方の出身氏族である。だからこれまで叔父である馬子の言うことは何でもすぐに実行してきた。しかし今度の願いばかりは……、というのがこの詔の趣旨である。

ここに挙げた泊瀬仲王と推古の言葉は、蘇我系の王族たちが如何に蘇我氏と強固な同族意識をもち、蘇我氏に依存していたかを知ることができて興味深い。公的には天皇・皇族が蘇我氏の上位にあっても、実質的には両者が対等の関係であったことの証左といえるだろう。

「豪族の貌」への傾斜

先に挙げた推古十三年四月の飛鳥寺本尊の造立の記事では、

天皇、皇太子・大臣と諸王・諸臣に詔して、共同にて誓願を発し、以って始めて銅・繍の丈六の仏像、各一軀を造る。

とあった。よくみるとここでは序列が「天皇―皇太子・大臣―諸王・諸臣」の順になっていて、馬子が王族よりも上になっているのだ。「推古紀」ではこのような序列になっているのはこの例だけだが、これが当時の実態を反映しているのだろう。

このように、馬子・蝦夷は、公的には大臣として官僚化された中央豪族を率い、朝廷の発展に多大の貢献を果たしていくと共に、私的には天皇のミウチとして実質的にはこれと対等ともいえるほどの地位を築いたのであった。蘇我氏の権勢が絶大であったことはいうまでもないが、大和政権の最有力豪族として天皇に比肩せんとする志向性と、あくまで官僚のトップとして天皇に奉仕していこうとする志向性との二面性をここにみることができるように思う。このことは、先に紹介した日野昭氏の言葉と通ずる。つまり彼らには豪族としての貌と官僚としての貌とがあったのだ。これが蘇我氏の本質であった。

先に私は、蘇我氏の豪族としての経済的、軍事的基盤は、必ずしも卓抜した存在ではなかったと述べた。だからこそ、彼らは官僚としての貢献によって、自らの地位を高めてきたのだった。彼らが冠位十二階によって、自分のみに留まらず中央諸豪族すべてを官僚化していこうとしていたのも、そのためだったに違いない。もともとは脆弱な経済・軍事基盤しかない「根なし草のような」蘇我氏が権力を維持していくためには、他の豪族たちも自分と同じ官僚にしていく必要があったのだろう。

こうして自信を強めつつあった蘇我氏は、次第に豪族としての貌が大きな位置を占めるようになっていった。馬子の晩年ころから、彼らは葛城氏の後裔であることをこれまで以上に意識し、強調するようになっていく。葛城県の返還を馬子が推古に要請したのは、彼の死の二年前だった。あとを継いだ蝦夷も、一族の「祖廟」を「葛城高宮」に立てたとされる。

第二章において私は、馬子や蝦夷が葛城の地との関わりや、葛城氏の後裔であることを強調するようになったのは、自らの権勢の拠り所をこの名族の後裔であることに求めようとしたからであろうと述べた。

その背景には、天皇や皇族から頼られる存在にまで成長し自信を増していった彼らが、かつての葛城氏のように天皇と並び、あるいは将来にはこれを超えんとする志向性をもつようになったことと関わりがあるように思う。豪族としての貌と官僚としての貌をあわせ持つ蘇我氏だったが、ここに来て官僚的な貌より豪族としての側面が強まってきている様子をみることができる。しかし彼らの破滅の遠因はここにあった。

第六章　なぜ滅亡したか

入鹿専制への反発か

あれほど栄えた蘇我氏が、中大兄皇子の一太刀によってなぜかくもあえなく滅び去ってしまったのか。もちろん入鹿を失ったのは大きな痛手であった。しかしそのときも父蝦夷は甘樫岡の大邸宅になお健在であった。そこでは厳重なる武装が、腹心の倭漢氏を中心に布かれていたのである。

にもかかわらず、諸王・諸豪族らはみな中大兄皇子に続いて飛鳥寺に籠った。勝敗はこのときに決した。蘇我氏は諸豪族から見捨てられたのである。

揺るぎない権勢を築いたかにみえた蘇我氏の落日は、では何時から始まっていたのだろうか。蘇我氏はなぜ滅んだのだろうか。いよいよこの問題について論じるときが来た。

古くから言われているのが、入鹿の強権政治、とりわけ改新の二年前に山背大兄王一族（上宮王家）を滅ぼしたことへの反発だ。

これと似た事件がその前年に高句麗でも起きている。六四二年、泉蓋蘇文は国王を殺して新しく傀儡の宝蔵王を擁立し、諸大臣以下百余名を惨殺して自ら軍事独裁を布いた。石母田正氏は、蘇我入鹿がとろうとした専制支配は、高句麗型の権力集中と共通するものであったという。

同氏は、「戦争と内乱の周期」の始まった七世紀前半期の日本と朝鮮三国には、三類型の権力集中があったと指摘する。第一の型は、百済の義慈王にみられる、国王が専制君主的性格を帯びる体制。第二は、右に述べた高句麗の大臣泉蓋蘇文による専制。第三が、女帝を有力王族が補佐し、貴族の首長による評議が重要な役割を果たす新羅の型である。

百済・高句麗・新羅にみられるこの三類型の権力集中は、それぞれ当時の緊迫した国際情勢に対応するために図られたもので、同時期の日本の国制の推移もそのひとつとしてとらえなければならないと、石母田氏は主張する。すなわち、推古朝の

推古天皇―厩戸皇子―蘇我馬子

という体制は、

新羅の善徳女王―乙祭―閼川《あっせん》、また真徳女王―金春秋―金庾信《きんゆしん》

という体制の先駆を為すものといえ、のちの

斉明（または孝徳）―中大兄皇子―中臣鎌足

の体制につながるものとされる。そして、蘇我入鹿がとろうとした蘇我氏による専制支配と

いう形による権力集中は、高句麗型のそれと共通するものであったという。

入鹿が山背大兄王を滅ぼしたとき、当時の大夫層にとって、それは高句麗型の専制政治の到来を予告したものと受け取られ、「一般的恐怖状態をもたらした」と同氏はいう。かかる「大臣個人によるむきだしの専制支配の道」からの活路として、大化改新の核となる勢力が形成されたのである、と石母田氏は考えた。この見解は、近年でも吉田孝氏や早川庄八氏、熊谷公男氏などによって踏襲されている。

山背大兄王殺害事件の真相

しかし近年になって、この凶行が本当に『日本書紀』の記すように入鹿の独断専行で行なわれたのか、亀井輝一郎氏などによって疑問が呈せられている。

たしかに『藤氏家伝《とうしかでん》』(『大織冠伝《たいしょくかんでん》』)の該当する所伝には、以下のようにある。

　宗我《そが》入鹿、諸王子と共に謀りて上宮太子の男、山背大兄らを害さんと欲して……(後略)

　——蘇我入鹿は諸王子とともに謀って上宮太子(厩戸皇子)の息子、山背大兄王を殺害しようとして……

その理由については後に考察するとして、ここでは「諸王子と共に謀りて」とあることに着目しておきたい。ただ『家伝』は諸王の対応を次のように記す。

諸王然して諾《うなず》く。但し、従はず害、身に及ぶを恐れるゆゑに、共に計れるなり。

――諸王はこうして同意した。但し、入鹿に従わず、害が自分の身に及ぶのを恐れたゆえに共に計ったのである。

あくまで入鹿に脅されて加わっただけで本意ではなかったのだというのだが、姑息な言い訳に過ぎないだろう。山背大兄王を取り除くことは、他の王族たちにとっても何らかのメリットがあったはずだ。だからこそ入鹿は彼らの加勢を求めたに違いない。

『家伝』では「諸王子」の具体的な名前までは書いていないが、『日本書紀』や『上宮聖徳太子伝補闕記』をみると、この襲撃に「巨勢徳太臣」や「大伴馬甘連公《うまかい》」、「軽王」(のちの孝徳天皇)が加わったと記されている。「巨勢徳太臣」は大化五年に左大臣に任じられた人物。「大伴馬甘連公」も同年右大臣に就任した人物だ。孝徳はもちろんだが、この三人はいずれも改新政権の主要メンバーである。そこから亀井氏は、実は中大兄皇子や中臣鎌足らもこの攻撃に関わっていたのではないかと推定した。この点、私も同感である。

亀井氏は、舒明の崩後に皇極が即位したのは、山背大兄王の即位を阻止するためであるとし、この点では蘇我氏と非蘇我系勢力（のちの改新勢力）の側とは利害が一致していたとする。蘇我氏は次期大王に馬子の娘婿の古人大兄皇子を推し、非蘇我系の勢力は中大兄皇子や軽皇子を推していたとみられるが、古人大兄と中大兄は異母とはいえ兄弟である。両者の利害は、山背大兄王の排除という点ではとりあえず一致していたとみられるであろう。

このようにみていくと、山背大兄王一族の殺害は決して入鹿の独断専行で行なわれたのではなく、亀井氏のいうとおり、大伴氏・巨勢氏といった有力豪族や軽皇子など諸王族も参加していた可能性の高いことが推察される。

「国家之計」とはなにか

『日本書紀』は入鹿をもっぱら逆臣として描くが、その専制政治が当時の国際情勢に対する危機感から生まれたものであったことを指摘した点は、石母田正氏の創見であり、私も高く評価したい。ただ、入鹿の専制的手法が恐怖・反発をよび、大化改新の引き金になったとする点は、既往の説と大きな相違はなく、そもそもこれは『日本書紀』自身の構想である。我々は、『日本書紀』を始めとする史書がいずれも大化改新後に作られたものであることを、あらためて想起しなければならない。

考えてみれば、蘇我氏による天皇・王族の殺害は、山背大兄王のときが最初ではない。かつて馬子による崇峻天皇殺害事件があったが、このときは事件後の朝廷に大きな動揺があったようには記されておらず、馬子のふるまいがことさら非難の対象となった痕跡も見出せない。天皇殺害のときですらそうだったのである。山背大兄王の一族を殺害したというだけで、ただちに反蘇我氏のクーデターが惹き起こされるというのは、想像しにくいことではないか。

この事件の背後には、何といっても舒明天皇が崩じたあとの皇位継承者争いが影を落としている。

あらためて『家伝』の記事を挙げよう。入鹿はここで山背大兄王を滅ぼす計画を諸王子らに打ち明け、同意を求めている。その理由はこうだ。

宗我《そが》入鹿、諸王子と共に謀りて上宮太子の男、山背大兄らを害さんと欲して曰く、「山背大兄、吾が家の所生なり。明徳これ馨り、聖化なほ余れり。崗本（舒明）天皇位を嗣がむとき、諸臣云ひて、『舅・甥に隙あり』。亦、坂合部臣摩理勢を誅するによりて、怨望すでに深し。今まさに天子（舒明）崩殂《そ》して、皇后朝に臨むも、心必ずしも安からず。焉くんぞ乱なきや。外甥《がいせい》の親を忍ばず、以って国家の計を成さむや」。諸王然して諾く。但し、従はず害、身に及ぶを恐れるゆゑに、共に計れるなり。

——宗我入鹿は諸王子とともに謀って上宮太子の息子、山背大兄王を殺害しようとして言った。「山背大兄は、吾が家の所生である。その人徳は香り立ち、聖なる王化はなお余りあるくらいである。（しかし）舒明天皇が即位されたとき、諸臣は、『舅甥（蝦夷と山背大兄王）の間に間隙が生じた』と云った。また（山背大兄王が寵愛した）境部臣摩理勢を（私が）誅殺したために、怨めしく思う気持も深い。今まさに舒明天皇が崩御されて、皇后であった皇極天皇が政治に臨んでおられるが、内心は必ずしも安心できない。どうして乱が起きないと言えようか。母方の親類ではあるけれどもそのことに構わず、（山背大兄王を滅ぼすことによって）以って国家の計を為そうではないか」。諸王はこうして同意した。但し、入鹿に従わず、害が自分の身に及ぶのを恐れたゆえに共に計ったのである。

入鹿は山背大兄王の人格を称えながらも、舒明即位時の紛争がなお感情のもつれとして尾を引いていることを指摘する。そういう状況で舒明が崩御した。皇極がとりあえず即位したけれども、このままではどうしても不安である。どうして内乱が起きないといえようか。自分と山背大兄王とは母方の親戚であるけれども、あえてそのことを省みず、「以って国家の計を成さむや」と、入鹿は言う。朝廷の不満分子、山背大兄王の粛清をした上で「国家の計」を為そうではないか、というのだ。

乙巳の変の真相は？

「国家の計」が何であったのか、入鹿がめざしていた政治は何だったのか、のちに改めて考えたいが、さしあたってそれは古人大兄を皇位に即けることであった。

皇極二年十一月、山背大兄王が滅ぼされた段階で、次期皇位継承者は古人大兄皇子と中大兄皇子の二人に絞られた。あとは、皇極がこの二人のどちらに皇位を譲るかが焦点になっていたのだろう。

しかし客観的な情勢は、蘇我氏が推していた舒明の長子、古人大兄皇子に有利であったろう。皇極の子、中大兄皇子はまだ十七歳で、即位には時期尚早であった。

皇極としてはもう数年皇位に居座り、我が子が成人したあかつきに譲位するつもりだったのであろうが、蘇我氏からの圧力は日増しに高まってきていた。蝦夷・入鹿が甘樫岡に邸宅を築き、倭漢氏の兵を動員して軍備を増強したのは、自らの身を守るためと同時に、皇極らに対する威嚇でもあったろう。彼らが皇極に対し、早期に古人大兄に譲位するよう迫るのは時間の問題であった。我が子中大兄に譲位したい皇極としては、かなり追い詰められた状況であったとみられる。その前に先手を打とうというのが、中大兄派の起こしたクーデターの真相であろう。

ただ結果的に中大兄ではなく孝徳が立てられたのは、中大兄がまだ弱年だったからであるとみられる。また中大兄が入鹿殺害の直接の実行者であったという事情も、すぐの即位がはばかられた一因として考えられる。この時点では、いずれは孝徳から中大兄に譲位する約束があったのであろう。

入鹿の狙い・改新政権の狙い

『日本書紀』には、入鹿が皇位を簒奪しようとしていたとの所伝がみられる。しかし、これは改新政府によるフレームアップ（でっちあげ）に違いない。ほかにも蝦夷・入鹿が自らの墓を「大陵」・「小陵」と呼ばせたとか、その邸宅を「宮門」と呼ばせ、子弟を「王子」と呼ばせたとか、天子しかできない「八佾の舞」を舞わせたといった数々の専横記事は、いずれも彼らの皇位簒奪の意図をでっちあげるための造作であろう。改新以後、増幅した物語が大半であるとみられる。

長期的な展望は別として、蝦夷・入鹿が当面もくろんでいたのはあくまで古人大兄の即位であった。「古人大兄天皇」と蘇我氏による両頭政治を行なおうとしていたのであろう。

このようにクーデターの第一の原因が、右に述べたような皇位継承争いにあったことは否定できない。ただ乙巳の変が単なる皇位継承争いでないのも事実だ。大化新政権は、発足後ただちに評制の施行、冠位の改定、難波宮遷都、官制の改革、部民制の廃止や畿内制の成立等の政策を次々と実行した。いずれも律令国家建設をめざす改革である。

こうした政策を立案した新政権のブレーンが、唐からの帰国留学生である国博士・僧旻と高向玄理であった。隋唐に長く留学した彼らの知識が新政権に大いに採用されたのである。ただこれらの施策の中には、すでに蘇我氏を中心とした従来の政権によって部分的に実行されていたり、方向付けされているものが多いのも事実である。たとえば、部民制の廃止とそれに伴う地方行政制度である評制（のちの郡制）の施行は、屯倉の全国拡大を進めた蘇我氏の政策の延長線上にある。

屯倉から評・郡へ

蘇我氏が屯倉内に戸籍を作成したことは先に述べたが、これなどは実は律令制の地方支配と酷似した管理経営方式であった。そのことを指摘した薗田香融氏は、「蘇我氏誅滅を契機として全国的に施行された新しい地方制度は、すでに朝廷直轄領の一部で、ほかならぬ蘇我氏の手によって試みられていた方式を踏襲し拡大したものであった、という皮肉ないい方もできるのである」といっている。正にそのとおりである。

米澤康氏の研究によると、「郡」の前身である「評《コホリ》」とは本来朝鮮語で大きな城邑を意味し、表記も朝鮮諸国では漢字で「評」と書いた。改新以前、倭国ではこの語を諸国に入植させた朝鮮系渡来人集団に対して用いたらしい。「評《コホリ》」では戸籍が作成されるなど、先進的な管理経営が採用されていた。この点で「評」と屯倉の実態はよく似ていたのである。鎌田元一氏は、その結果「屯倉」に対してもこれを「コホリ」と呼ぶようになったのだろうと考えている。

このように、以前から存在していた「評」や屯倉が、大化改新以後全国に拡大していったのが、律令制下の地方行政組織である「評」であった。評はのち大宝令の段階で郡と改称された。ただ漢字は変わっても和訓は依然として「コホリ」であり、実態に大差はない。

評（郡）は国の下に置かれ、その長官は評の段階では「評督」、郡となってからは「郡司」（和訓はいずれも「コホリノツカサ」）と呼ばれた。任命されたのはもともとその地域を治めていた地方豪族（かつての「国造」）である。国司には中央から貴族が赴任したが、律令制下の地方支配は、実質的には郡内を知悉している「評督」・「郡司」に依存していた。

このように、六世紀以来蘇我氏によって積極的に推進された屯倉の制度は、彼らを滅ぼした改新政権によって「評」という形で七世紀半ばに引き継がれた。この点、薗田氏の言葉のとおり正しく「皮肉」といわざるをえない。

松本清張の洞察

松本清張はこの点につき、晩年に大胆ではあるが本質をついた発言をしている。それは「大化の改新というのは、すでに蘇我氏が用意していたものではないか」、それを中大兄らが入鹿を殺して「横どり」したのではないかというのである。詳しい説明を『清張通史』五「壬申の乱」から抜粋しよう。

大化改新はあまりにも常識化しているが、中央集権的な官司制度は、蘇我氏が前から豪族連合である氏族制度のもとで実質的に進めていたもので、天智とその側近は、それを横どりしたにすぎない。大化改新の地ならしは、このようになしくずしに氏族制度を官司制度にきりかえつつあった蘇我氏によるものであり、その意味で、馬子の執政時代は「プレ・大化改新期」といえる。

八世紀の初めから権力者によって統治手段とされた仏教も、もとはといえば蘇我氏が外国から入った異宗教を政策的に強力に推進したものである。

蘇我氏の開明性・進歩的文化性は、古代の氏族社会から近代的な官僚制度に脱皮させた。これが天智・天武による律令制度に継ぎ足されて完成する。馬子の執政期はまた「プレ・律令期」ということができる。

しかし清張もいうように、「その熟したときに実《み》は他人の手によって刈られ、その幹は根もとから倒され」てしまった。清張は彼らが失敗した原因を、その「絶対権力と、天皇家に張りめぐらした血縁関係とに、あまりに恃《たの》みすぎた」こと、一族の肥大化に伴って相互の権力争いを生じたこと、稲目・馬子に比して蝦夷・入鹿があまりに凡庸であったことを挙げている。

蘇我氏にできなかった政策

律令制的な地方支配制度や官僚制度が基本的には蘇我氏の施策を引き継いだものといえる一方で、改新政権の行なった政策のなかには、やはり蘇我氏にはできなかったのではないかと思えるものもある。たとえば飛鳥から難波への遷都や、大化三年制定の天皇を頂点とする新たな冠位制などだ。

飛鳥は先述したように蘇我氏によって開発された王都であった。その飛鳥を離れるという選択肢は彼らには全くなかったであろう。近年の研究では、難波への遷都は二段階で行なわれたらしい（吉川真司氏による）。新政権はまず、従来官衙《かんが》として利用されてきた小郡《おごおり》の施設を改築してそこに遷都し、そのあとで大規模な難波長柄豊埼宮の造営にとりかかった。

遷都の理由としては、激動する国際情勢にすばやく対応するために外交の玄関口である難波に遷都したのであろうとする見方や、豪族を難波宮周辺に集住させることによって諸豪族の官人化を促進し、天皇権力の集中を図ろうとする意図があったなどと考えられている。それ以外にも蘇我氏の影響力の残る飛鳥を離れることで、人心の一新を図る狙いもあっただろう。

冠位十二階では大臣馬子が冠位授与の対象から除外されていたのが、大化の十三階冠位では大臣も授与の対象になった。これも蝦夷・入鹿亡き後だからこそ実現しえたことであろう。ただ、新政権の左右大臣に任命された阿倍倉梯麻呂と蘇我倉山田石川麻呂は、大化四年四月条に「古き冠を罷《や》む。左右大臣、猶古き冠を著《き》る」とあるように、新しい冠位の制定には抵抗していたらしい。しかし二人が亡くなると、後任の左右大臣は大紫の冠をかぶった。こうして大臣は官人制の一部に組み込まれたのである。またこのとき中央豪族だけでなく、地方の有力豪族にも冠位が与えられた。冠位は中央豪族のみの特権ではなくなったのだ。

これらからすると、新政権は蘇我氏の進めてきた政策を大枠では継承しながらも、これを天皇主導の下でより強力に、しかも全国一律に推進しようとしたようにみえる。それは従来以上に天皇権力を隔絶したものにし、豪族の官僚化を推し進める効果があった。

僧旻と大化改新

こうした改革に新政権を突き動かしたものは一体何であったろうか。風雲急を告げる東アジア情勢。帰国留学生の伝える先進的な唐の国家制度や新思想。これらの情報が改新前夜、若い貴族子弟の心を揺さぶった。彼らは唐から帰国した僧旻《みん》や南淵請安《みなみぶちのじょうあん》の門を叩き、その教えを請うた。

肝胆相照らした中大兄と鎌足が人の目を避けて会うために、「倶に手に黄巻を把りて、自ら周孔の教へを南淵先生の所に学ぶ」間柄であったことは先に述べた。南淵請安は三十二年に及ぶ隋唐留学を経て、改新の五年前、舒明天皇十二年に帰国していた。

もうひとり青年貴族の尊敬を集めた帰国留学生がいる。のち、改新政権で国博士という役職につき、政策の立案などにたずさわった僧旻という僧侶である。彼は飛鳥寺の寺主（寺院経営の責任者）を務めていたから、蘇我氏とも元々近い人物であった。

『藤氏家伝』には以下の逸話が語られている。

嘗て群公の子、咸《ことごと》く旻法師の堂に集ひて、周易を読みき。大臣後《おく》れて至るに、鞍作起立し、抗礼して倶に坐す。講訖《おわ》りて将に散らむとするに、旻法師、撃目して留め、因りて大臣に語りて云ふ。「吾が堂に入る者、宗我太郎《そがのおおいらつこ》に如くはなし。但し、公、神識奇相にして、実にこれ人に勝れり。願はくは深く自愛せんことを」

――かつて群臣の子弟たちがことごとく、旻法師の堂に集って、『周易』を読んでいた。中臣鎌足が遅れて入ると、鞍作（入鹿）は対等な礼をして共に座った。講義が終わって散会するとき、旻法師はまばたきをして鎌足をとどめ、彼に言った。「吾が堂に出入りする者のなかで、入鹿に匹敵する者はいない。しかしあなたは神の如き見識と人相において、人にすぐれている。願わくは、深く自重せられんことを」

『日本書紀』にはないきわめて貴重な所伝である。僧旻は自らの僧坊で『周易』、すなわち『易経』を青年貴族層に講じていた。もちろん『周易』だけでなく、長年の留学生活の経験や隋唐の律令や最新の政治制度についても講じたに違いない。そこに若き日の鎌足や入鹿が机を並べて学んでいた。

僧旻は、「吾が堂に入る者、宗我太郎（入鹿）に如くはなし」といった。そのあとの文章は、鎌足伝ゆえの鎌足賛美であろう。師から高い評価を受けたのはあくまで入鹿であった。

僧旻は二十四年の留学生活を経て舒明四年、前章で触れた唐使・高表仁と同じ船で帰国した。玄界灘を行く船上で、彼は帰郷がかなった感激を静かに嚙みしめていたに違いない。そしてそれ以上に、帰国ののち祖国と高表仁の国交交渉が順調に進展し、唐と倭が友好関係を築くことを強く願っていただろう。「大唐の国は法式備はり定まれる珍しき国なり。常に達するべし」第一陣の帰国組の進言は、僧旻の思いでもあったはずだ。

しかし祖国の朝廷は必ずしも彼らを歓迎しなかった。倭の「王」あるいは「王子」と「礼」を争った高表仁は、皇帝より託された国書を読み上げることなく帰国してしまった。その混乱の渦のなかには当然僧旻もいたに違いない。私たちは、混乱のさなかにあって彼がなんとか交渉決裂を回避しようと、双方の周旋に努めたさまを想像してみてもいいだろう。しかしその努力も徒労に終わった。帰国する高表仁を見送る彼の憤懣は察するに余りある。

僧旻の予言

帰国の後、次に彼の名前が『日本書紀』に見えるのは、その五年後の舒明九年二月条である。

九年春二月丙辰の朔戊寅に、大きなる星、東より西に流る。便ち音有りて雷に似たり。時の人曰く、「流星の音なり」と曰ふ。亦は曰く、「地雷《つちのいかずち》なり」と曰ふ。是に僧旻僧《ほうし》曰く、「流星に非ず。是天狗《てんこう》なり。その吠ゆる声、雷に似たるのみ」と曰ふ。

――九年春二月丙辰の朔の、戊寅に、大きな星が東より西に流れた。それは雷に似た音であった。時の人は「流星の音だ」と言った。また「地雷だ」という人もあった。このとき、僧旻が、「流星ではない。これは天狗である。その吠える声が、雷に似ているだけである」と言った。

「天狗」とは今でいえば隕石であろうか。この言葉は中国に典拠がある。

『史記』天官書

天狗。状は大奔星の如し。声有りて、その下、地に止まりて狗に類《に》る。堕ちる所、炎火に及びて望むるに火光の如し。炎炎天を衝く。（中略）千里に軍破れ、将、殺される。

——天狗とは、その状態は大きな流星のようである。音がして、その下では地に留まって狗に似ている。堕ちた所は炎に包まれ、火は光のようになる。炎は天を衝くほどである。（中略）千里の内に軍が破れ、将軍が殺される。

天狗が落ちるとその千里以内で戦さに敗れ、将軍が殺されるという。『日本書紀』の同じ年の記事に、朝廷に叛いて参朝しなかった蝦夷を討伐するため派遣された上毛野君形名《かみつけののきみかたな》の軍が大敗し、殺される寸前であったと伝える。その後この軍は形勢を逆転し勝利を得たとあるけれども、僧旻の予言は半ば的中したと言ってよいだろう。

「舒明紀」十一年正月条

己巳に、長き星、西北に見ゆ。時に旻師曰く、「彗星なり。見れば則ち飢《うえ》す」

——己巳に、長い星が西北に見えた。この時、旻師が「彗星である。これを見たら、飢饉が起きる」と言った。

ここでも彼は、天文現象によって凶事を予言している。こうした予言は、漢代以後中国で流行した災異思想や讖緯《しんい》思想の知識によるものであると多くの研究者は考えている。

災異思想・讖緯思想

災異や讖緯の思想のもとにあるのは、中国で周代に始まった天命思想である。天命思想とは、天子（皇帝）が天下を統治する根拠を、天命すなわち天帝（皇天）の命令に求める考え方である。つまり、天は天子（皇帝）に命を下して政治を任せるが、もし天子が民を苦しめる悪政を行なったときにはこれを滅ぼし、別のふさわしい人物を選んで新たな命を下す。このように、天命による王朝交代（易姓革命）を認めるのが天命思想なのである。

前漢の武帝の時代になると、董仲舒という儒学者が災異を説いた。これは天命思想のバリエーションといえるもので、天は悪政に対しては災異（洪水・旱魃・日食・地震・彗星・隕石等々の天災）を下して天子に譴責《けんせき》を加える。この時点で天子が反省して政治を改めればいいが、そうでない場合は最後に革命が起きるというのである。そして逆に良い政治が行なわれた場合には天が祥瑞（縁起のいいしるし）を下して嘉すとされる。この災異の思想は武帝によって採用され、以後儒教は漢王朝の指導原理としての役割を担うようになった。

このような天と人とを相関的に捉える災異の思想は、「怪力乱神を説かず」で表わされる儒教本来の合理主義とはかなりの隔たりがあるのだが、この思想がいっぽうでは専制君主を厳しくチェックする、「君主権抑制の論理」としての役割を果たしたのも事実である。

これが前漢の末ころになると、さらに神秘的な予言へと変化していった。これまでは、様々な自然災害があくまで過去の君主の失政や背徳等に対する譴責として捉えられてきたのに対し、それが将来発生する事態への予兆として捉えられるようになったのである。

京房・劉向といった当時の学者は『易経』と災異を結びつけ、種々の暗示的な予言を行なった。また前漢末から後漢初めに、様々な予言・占いを記した神秘的な内容の書物が作成された。これを緯書といい、こうした思想を讖緯思想とよぶ。

前漢王朝を簒奪して皇帝位につき国号を新と改めた王莽《おうもう》や、その王莽を滅ぼし漢を復興した劉秀（光武帝）らが、讖緯をさかんに利用したことは知られている。たとえば、王莽は前漢の摂政に就任したとき、「摂皇帝、まさに真たるべし」（摂政の皇帝は真の皇帝位に即くべし）という「符命」がでたと称し、劉秀は「劉氏復た起こり、李氏輔《たすけ》とならむ」とか、「劉秀まさに天子となるべし」といった「図讖《としん》」を広め、即位を正当化した。

隕石や彗星を見てそこから敗戦や飢饉を予言した僧旻の行動には、明らかに災異や讖緯の影響が看取される。こうした思想が倭国に最初に伝来したのはこれよりはもうすこし以前のことかもしれないが、本格的に広めたのは僧旻であるといってよいであろう。忘れてはならないのは、こうした思想の背後に「君主権抑制の論理」としての役割があることである。つまりそこには政治批判の意味が込められているのである。

僧旻と入鹿

では僧旻は時の為政者に対し、どのような批判をこめて災異や讖緯を説いたのであろうか。ここまで読んできた人には明らかなように、それは唐との国交を頓挫させたことへの憤りであったろう。

二十数年、唐に滞在した彼は、倭国も唐の制度や法を摂取すべきだということを痛感していたに違いない。そのためにはこの国との交わりを密にすることが必須だ。しかし現状はその正反対であった。唐使高表仁との国交交渉は決裂した。遣唐使もなかなか派遣されず、唐に残した同志たちの帰国もままならない。やり場のない憤りを、彼は災異・讖緯に託したのであろう。青年貴族らを相手に講じた『周易』の学も、そうした内容を含んでいたと思われる。

かつては彼を「蘇我氏権力に対抗する天皇側のイデオローグ」であったとする見解があった（田村圓澄氏）。しかし彼はのちにも確認されるように蘇我氏の氏寺である飛鳥寺の寺主（寺院経営の責任者）の任にあった僧侶である。むしろ元々は蘇我氏と近い立場であった。彼は蘇我氏・反蘇我氏いずれかの勢力に与《くみ》したわけではなく、ただ自分たち帰国留学生の進言が実現することのみを願っていたのだろう。だからこそ入鹿や鎌足など「群公の子（貴族子弟）」が「咸《ことごと》く」彼のもとに集ったのだと思う。

この講義を聞いた入鹿や鎌足たちは、唐に倣った国家制度の構築を夢見たに違いない。倭国を「法式備はり定まれる珍しき国」にしたいと熱望したに違いない。この点では入鹿と鎌足に違いはなかったものと私は思う。入鹿を単なる横暴で驕慢な人物とみるのは誤りだ。彼は僧旻に「吾が堂に入る者、宗我太郎に如くはなし」と言わしめた青年である。その才知と先見性は端倪すべからざるものがあったに違いない。

入鹿、生けりせば

こうした考えは先学も披瀝している。直木孝次郎氏は、「内政改革の推進は、日本でも避けられない問題であった。その主導権を、古人大兄皇子を擁する蘇我蝦夷・入鹿父子がとるか、中大兄皇子を奉ずる中臣鎌子（藤原鎌足）が先んずるか。政局はきわめて微妙であった」とし、「いずれの手に指導権がにぎられても、唐にならった政治が指向されたと思われる」と述べている。

北山茂夫氏は、入鹿は「古人大兄王子を位につけ、これをロボット化し、大臣として、権力を掌握して、政界を領導しようと企んでいたのであろう」とし、そうなると「後世の藤原氏によって実現された摂関による大権の代行のごときもの」が生み出された可能性があったとする。さらに「王権に関しては、入鹿は、中大兄、鎌足と異なりかなり進歩的な思想を抱いて行動にふみだしたと思われる。その国政改革そのものは、大化の改新とは、いちじるしく異なる内容をもつにいたるであろうと、わたくしは想像している。入鹿もやはり、僧旻に学んで国政改革をめざしていたと考えられるからである」という。

山尾幸久氏はこう言う。「日の目を見なかった入鹿の国際認識は、唐の国家的力量を正当に評価し、唐が要請する新羅との友誼を進めようとするものだったのではなかろうか。入鹿は、藤原鎌足の伝記（『大織冠伝』）においてさえ、新帰朝者の僧旻から『吾が堂に入る者に宗我の大郎（入鹿）に如くものはなし』と評価されたとある逸材である。六四〇年代の東アジアの危局に直面して、漫然と父祖の因襲的な親百済策を肯定していたとは考えにくい」

入鹿がその後も政権を握っていたら、歴史はその後どうなったか？「歴史にifはない」というが、興味は尽きない。彼は古人大兄を皇位に立てた上で何をしようとしていたのだろうか。「外甥の親を忍ばず、以って国家の計を成さむや」と言った「国家の計」とは、果たしてどのような構想だったのか。

天皇権力強化の方向

先にも触れたように、改新政権によって実行された施策の中には豪族の官僚化や屯倉の全国拡大など、すでに蘇我氏によって部分的に実行されていたり、方向付けされていたものが多かった。その点においては、大化の改新はすでに蘇我氏が用意していたものを中大兄らが入鹿を殺して「横どり」したものだ、と喝破する松本清張の慧眼はさすがである。

ただ、難波遷都や大化の十三階冠位などは、蘇我氏の構想にはなかったであろうと考える。新政権は、蘇我氏の進めてきた政策を大枠では継承しながらも、これを天皇主導の下でより強力に、全国一律に推進しようとしたのであった。それは従来以上に天皇権力を隔絶したものにし、豪族の官僚化を推し進めるものであった。

こうした天皇権力強化の方向は、舒明朝以後次第に顕在化しつつあったようである。用明・崇峻・推古までの蘇我系の天皇に代わって即位した舒明は、元来蘇我氏とは姻戚関係をもたない敏達―押坂彦人大兄皇子の王統の出身であった。即位にあたって蝦夷の支援を受けたため、あからさまに彼と対立することはなかったけれども、蘇我氏の桎梏から自立していこうとする指向は随所にみられる。自ら百済大寺の造営を企てたり、天皇陵のみの墳形として八角墳を造営したりしているのがその例である。

百済大寺と八角墳

このうち百済大寺は舒明の発願によって造営された最古の勅願寺（天皇の発願による寺院）であり、のちの大安寺の前身寺院である。初めて天皇が積極的に造営した寺であり、政治史的にも意義が大きい（ただ、一九九七年に発掘された桜井市の吉備池廃寺を百済大寺に当てる説が、当時の奈良国立文化財研究所によって表明されているが、その根拠は時期がほぼ重なることと、飛鳥寺を上回るほどの大規模な寺院であることくらいしかなく、ここに「百済」という地名があったことを示す史料は今のところ何もない。平林章仁氏が逸早くこの断定に疑問を示しているが、私も同感でこの発表はいささか慎重さを欠いていると思う）。

八角墳は、七世紀中葉から八世紀初頭までの天皇陵に共通して見られる墳形で、舒明陵に始まり、岩屋山古墳（斉明陵か）、天智陵、天武・持統陵、束明神古墳（草壁皇子墓）、中尾山古墳（文武陵）まで採用されてきたことが知られている。これまでは天皇も豪族も、規模こそ違え同じ前方後円墳や方墳を造営してきたのが、ここに到って天皇のみに許される墳形が現われたのである。その政治的な意味は誠に大きいものがあろう。ただ八角形の思想的な背景については、道教説、仏教説、高御座《たかみくら》の八角形に由来するとする説などがあってまだ一定しておらず、今後の研究に委ねられている。

八角墳の嚆矢である舒明陵は、『日本書紀』の皇極二年九月条に埋葬の記事がある（「九月丁丑の朔壬午に、息長足日広額《おきながたらしひひろぬか》天皇を押坂陵に葬る」）。崩御が前々年の十月であったから、ちょうど二年後のことである。二年で古墳が完成したとは考えにくいので、生前から造営が開始されていた寿陵であった可能性が高いだろう。となると、八角墳を天皇陵のみの墳形として採用したのは舒明自身であったのかもしれない。

三十余年の長きにわたって安定的してきた推古・馬子・厩戸の体制が終焉し、代わって皇位に立った舒明は、新たな形で天皇の権威を確立していこうと考えたのであろう。それが百済大寺の造営であり、八角墳の採用であったに違いない。舒明の皇子である中大兄皇子によって進められた大化改新は、この流れのなかに位置づけられるであろう。

共に唐制を模範にした国政改革を指向していた点では大差なかったものの、蘇我氏と天皇の両頭政権体制を企てていた入鹿に対し、舒明の政策を継承し、天皇権力を隔絶したものに高めようとしたのが中大兄皇子らであった。この点に両者の根本的な違いがあったのであろう。

入鹿の果てしなき夢

では入鹿に皇位簒奪の野望はなかったのか。彼は当面、古人大兄の即位を実現しようとしていたが、どのような長期展望を抱いていたのかはわからない。将来、天命による易姓革命を考えていた可能性はないだろうか。

前章で私は、蘇我氏には二つの貌があったと書いた。官僚トップとしての貌と、豪族としての貌とだ。もともと豪族としての経済的、軍事的基盤が必ずしも抜きん出ていたわけではなかった蘇我氏は、多くの渡来系豪族を率い、官僚として朝廷の財政充実に貢献することによって台頭したのであった。しかしライバルであった物部氏を蹴落とし、大和政権最大の豪族にまでのし上がった彼らは、推古朝以降、天皇家の外戚として蘇我系の王族たちからは「高き山の如く」頼られる存在になっていた。実質的には天皇と並ぶ権勢を手にしていたのである。推古朝の末年ころからは葛城氏の後裔であることをアピールしていたが、それも彼らの自信が増していた証拠であろう。いずれは天皇を越えようとする志向性すらそこに垣間見える。

もしクーデターが成功せず、そのまま入鹿が政権を掌握し、古人大兄が即位していたら……。当面は「古人大兄天皇」を入鹿が支える体制が続くだろう。しかしやがては隠然たる実力を背景に、天皇から入鹿へ皇位の禅譲が行なわれた可能性はあったのではないだろうか。あの僧旻から天命思想を学んだに違いない入鹿である。そうなれば、日本の歴史も大きく変わったことだろう。

ただ実際は、我々が知るように中大兄皇子や中臣鎌足らによるクーデターによって入鹿は斬殺された。この改革が蘇我氏中心ではなく、天皇中心で行なわれることに決したのである。官僚トップとしての貌と、豪族としての貌とを併せ持った蘇我氏であったが、後者に軸足を傾けすぎたことが転落の原因だったかもしれない。

「騙し討ち」された入鹿

入鹿暗殺の場面を『日本書紀』や『家伝』は詳細に伝える。改新派は偽って三韓進調と称して入鹿を宮へおびき寄せ、儀式の最中に皇極天皇臨席の前で殺害に及んだのであった。これはいわば騙し討ちである。このクーデターの方法からいえることは、第一に天皇は支持していない全くの私刑であったということである。公的に認められた所業であれば、詔を発して謀反の罪によって堂々と討伐するはずである。こうした例は、のちに古人大兄皇子や蘇我倉山田石川麻呂や有間皇子らが謀反の罪で討伐された事件を思い起こせばいいだろう。

入鹿暗殺はそのようにはできなかった。それは皇極天皇の同意を得ていなかったからであろう。たとえ求めても同意を得ることは難しかったのかもしれない。当時の政権の主導権は、天皇よりも入鹿にあったから、彼らを謀反の罪で討伐するのは実際には不可能だったのかもしれない。少人数が公の場で政界の最高実力者を騙し討ちにしたこの事件は、こうした事情から惹き起こされたものであって、決して正当性のあるものではなかったといえる。

そのためこの凶行がたとえ成功しても、これが諸豪族の支持を得られるかどうかは全く計算がつかなかったであろう。中大兄皇子らが飛鳥寺を城として籠ったのは、このあと起こるに違いない蝦夷らとの戦いに備えてであった。

蘇我氏の内部対立

しかし結局、他の豪族たちは蝦夷の側にはつかなかった。どうしてだろうか。ひとつは、同じ蘇我氏の支流で有力者の蘇我倉山田石川麻呂を味方につけたことがあろう。中大兄は、鎌足の進言を容れて彼の娘を娶り、姻戚関係を作った。元来、入鹿と不和であった彼を味方につけ、念のため暗殺の場にも立ち合わせた。新政権で右大臣に任命し厚遇しているのはその論功行賞であろう。ただ彼はその後、政権内で孤立し、謀反の疑いをかけられて自殺する。

蘇我氏は稲目から馬子・蝦夷・入鹿と四代を経るうちに、本宗家と支流との間にしばしば内紛を起こすようになっていた。舒明擁立時も蝦夷とその叔父の境部臣摩理勢が対立し、ついに摩理勢は滅ぼされた。馬子までは一族は結束をみせていたけれども、蝦夷以降、綻びが目立つようになっていく。蝦夷の凡庸さがその原因だとよくいわれるが、世代を経るに従って増殖していく同族を、従来と同じ結束力でまとめていくのは彼ならずとも難しかったのではないだろうかとも思う。

またひとはよく稲目・馬子と比較して、蝦夷の凡庸、入鹿の驕慢をいう。しかし『日本書紀』をよく読んだだけでも、それは的外れのように私には思えてならない。

推古の後継をめぐる「舒明即位前紀」の一連の記事をみて私が思うのは、蝦夷の誠実さ、実直さだ。「たまたま人材の乏しい時期に、間違って群臣の上に立ってしまった」という真情の吐露。息子入鹿にあっさりと大臣の座を譲り渡したこと。稲目・馬子の強力なリーダーシップと比べるとたしかに物足りない感はあるけれども、彼を凡庸の一言で片づけるのは酷だと思う。

世代間の対立

ただ入鹿は父のそうしたところが我慢ならなかったようにみえる。しばしば独断専行で事を進めたのは、父の政治手法への激しい反発からだろう。山背大兄王の討滅にしても、非情・暴虐の謗りは覚悟したうえで敢然とこの挙を実行したのだと私は思う。曾祖父から父に至る政策を継承しながらも、入鹿がこれとは異なる構想を頭に描いていたことは間違いがないだろう。

この点、皇極天皇と中大兄皇子、蝦夷と入鹿の間に、それぞれ世代間対立のようなものがあり、これが乙巳の変に内包されていたように思える。

中大兄皇子は皇極には無断で非合法の入鹿殺害の凶行に及んだ。母と子ではあっても、そこにはひとつの軋轢のようなものがあったのは事実であろう。蝦夷と入鹿にも明らかに軋轢があった。僧旻らの私塾に通った若い世代には、上の世代よりも現状に対する切迫した危機感がみなぎっていた。皇族内部にも蘇我氏内部にも世代間の対立があり、その対立が乙巳の変を生み出したのであった。

第七章 「逆賊・蘇我氏」の誕生

大化元年の仏教興隆の詔

第四章で述べたように、大化以前の仏教界は蘇我氏の強い影響下にあった。飛鳥寺は国内最高の格式をもった寺院であり、その造立を発願した蘇我氏は仏教界最大の外護者《げご》（パトロン）に他ならなかった。

この点はいかに改新政権でも認めざるをえない。飛鳥在京の多くの僧侶らは、皆大なり小なり蘇我氏の恩恵にあずかっていたはずである。蘇我氏の息のかかっていない僧侶などいなかったと言っても過言ではなかろう。その蘇我氏を滅ぼしたのである。改新政権の首脳たちは、これから如何にして仏教界との関係を構築していくかに心を砕いていたはずだ。

『日本書紀』大化元年八月条に新政権が仏教興隆の詔を発している。天皇の使者を「大寺」（飛鳥寺）に送り、僧尼を集めて今後の仏教政策に関する詔を示したのである。長文であるため、その内容を段落に分けて要約しよう。

A　欽明天皇十三年に百済聖明王から仏教が伝えられたとき、群臣はこれに同意しなかった。しかし蘇我稲目のみがこれを信じたので、天皇は稲目にその法を奉らせた。

B　敏達天皇の世に、馬子は父稲目の意思を継いで仏教を崇めた。しかし余臣は信じず、この教えは滅びようとした。そこで天皇は馬子にその法を奉らせた。

C　推古天皇の世に、馬子は天皇の為に（飛鳥寺の本尊である）丈六の繡仏・丈六の銅仏を造った。仏教を顕揚して、僧尼を恭敬した。

D　朕は更にまた仏教を崇め、大いなる道を照らし啓《ひら》こうと思う。

E　そこで、沙門狛大法師・福亮・恵雲・常安・霊雲・恵至・寺主僧旻・道登・恵隣・恵妙を以って十師とする。別に恵妙法師を以って百済寺の寺主とする。この十師は、僧侶たちをよく教え導いて、仏教の修行を必ず法の如く行なわせよ。

F　およそ天皇から伴造に至るまで、造営中の寺で造ることができなくなっているものは、朕が皆助け作らせよう。

G　今、寺司と寺主とを任命する。諸寺を巡行して僧尼・奴婢・田畑の実態を調べ、すべて報告せよ、とのたまった。

H　こうして、来目臣と三輪色夫君《しこぶのきみ》と額田部連甥《ぬかたべのむらじおい》を以って法頭とした。

これまで多く論じられてきた史料であるが、二葉憲香氏らの詳細な史料批判により、原史料は当時のものと考えられている。その内容は、A〜Cの仏教興隆の歴史を回顧する前段と、それを受けて新政府の仏教政策を表明するD〜Hの後段とに分けることができる。具体的な政策としては、十人の高僧を選んで十師とし、仏教界の指導者に任じたこと、未完成の寺院造営の援助を表明したこと、各寺に寺司と寺主を任命すること、法頭という役職を置いたことなどである。

蘇我氏を讃える改新政権

ここで注目したいのは、これまで蘇我氏が仏教興隆に果たしてきた役割を高く評価していること、そして仏教興隆の歴史を飛鳥寺の本尊（丈六の繡仏・丈六の銅仏）の完成を以って締めくくっていることである。この詔が発表された「大寺」を、舒明天皇が発願した百済大寺ではないかとする説もあるが、それが誤りであることはここからも明らかであろう。詔の前段は、仏教伝来から飛鳥寺の本尊が完成するまでを回顧し、これに稲目・馬子が果たした功績を讃えているのである。この詔が飛鳥寺以外で発表されるはずはなかろう。

後段では、今後は天皇が仏教興隆の主導権を握っていくことと、飛鳥寺を頂点とする仏教界と友好関係を築いていきたいという意志が表明されている。ただ今日から蘇我氏に代わって天皇が仏教の主導権を担うのだといっても、僧侶たちの意思を考えれば事はそう簡単ではない。

これまで仏教界の指導者として僧正・僧都・律師の三人を任命する僧綱制を布いていたのを改め、一挙に十人に増やして十師として任命した背景には、蘇我氏の息のかかった僧侶らをいわば懐柔する狙いがあったのではないだろうか。未完成の寺院造営の援助を表明しているのも、同様のねらいからであろう。

飛鳥寺を始めとする多くの僧侶を前に、詔は何ひとつ蘇我氏に対する批判は言わなかった。これまで蘇我氏が仏教興隆に果たしてきた役割を率直にみとめるしかなかったのである。ただこれからはその役割を天皇が引き継ぐのだと宣言した。

それにしても、ここにみられるような蘇我氏を評価する歴史認識は、彼らを逆賊として誅滅した事実とは全くそぐわない。

大槻の下の誓盟

では新政権は、どこに自らの正当性を主張したのか。彼らは仏教ではなく、別の思想で蘇我氏打倒を正当化した。それは前に説明した天命思想である。

蘇我氏の滅亡からまだ六日しか経っていない大化元年六月十九日のことである。飛鳥寺の西の大槻の下の聖なる広場において、新政権の首脳が一堂に会した。新しく即位した孝徳天皇、皇位を弟に譲った皇祖母尊（皇極太上天皇）、皇太子となった中大兄皇子らが群臣を集め、ここで互いに誓約を交わしたのである。

ここでは先ほどの詔と対照的に、蘇我氏のことがかなり悪しざまに罵倒されている。

乙卯、天皇・皇祖母尊《すめみおやのみこと》・皇太子、大槻の樹の下に、群臣を召し集めて、盟曰《ちか》はしめたまふ。天神地祇に告げて曰く、「天は覆ひ地は載す。帝道唯一なり。而るに末代澆薄《ぎょうはく》にして、君臣序を失へり。皇天手を我に仮り、暴逆を誅殄《ちゅうてん》せり。今共に心血を瀝《した》づ。而して今より以後、君は政を二つにせず、臣は朝に弐《ふたごころ》なし。若《も》しこの盟に弐《そ》むかば、天災ひし、地妖す。鬼誅し、人伐《う》たむ。いちじるしきこと日月の如し」

——天皇・皇祖母尊・皇太子が、大槻の樹の下に、群臣を召し集めて、盟って曰く。天神地祇に告げて曰く、「天は覆い地は載す。帝道は唯一なり。しかし末の代となってこのことが人の心から薄らいでしまい、君臣の秩序が失われた。そこで皇天が我が手を借りて、暴逆を誅滅した。今共に真心を以って誓おう。今より以後、君は政を二つにせず、臣は朝に二心を持たない。若しこの盟に背くことがあれば、天は災いし、地は妖す。鬼は誅し、人は伐つであろう。明らかなことは日月の如しである」

ここには、

①かつては存在した君臣の秩序が今は失われてしまった

②そこで天帝が我が手を借りて暴徒蘇我氏を滅ぼした

③今後、天皇は政権を分裂させず、臣下も朝廷に二心をもたないと誓う

④もしこの誓盟を破ったら、天や地は災いをもたらし、鬼や人がその者に天誅を下すであろう

といったことが記されている。

中国思想の影響の濃厚な文章ではあるが、長文で依拠したような出典は見当たらない。分註の形式で収録されている点も原資料の存在をうかがわせ、『書紀』編者が一から創作した文章でないことを示している。いくらかの潤色はあったとしても、当時こうした内容の盟約が交わされたことは事実とみていいだろう。

改新政権と天命思想

一読して明らかなように、ここにみえる「皇天手を我に仮り、暴逆を誅殄せり」や、「若しこの盟に弐むかば、天災ひし、地妖す。鬼誅し、人伐たむ」といった表現には、天命思想の影響が顕著に見出せる。とくに前者の言葉では、この流血の政変を天の意志であるとして正当化し、後者では将来新政権に謀反を企む者を呪詛し、彼らにも蘇我氏同様厳しい天罰が下される

と威嚇しているのである。ここには新たに政権のブレーンとなった国博士僧旻の影響があるのだろう。

それにしてもこの激しい蘇我氏批判、将来の謀反に対する呪詛の言葉はどうであろうか。何かしら凄絶で残酷な感じさえ与えるものがある。大敵を滅ぼしながらも前途に不安を抱える彼らの危機感が、こうした言葉を吐かせたのであろうか。

以後、天命思想は、新政権の重要なイデオロギーとして機能していく。改新の五年後、白い雉が祥瑞として孝徳天皇に献上され、これに因んで「大化」に代わって「白雉」と改元された。祥瑞は災異の反対で、天が善政を誉めた現われとして尊重された。

のちに天智天皇となる中大兄皇子自身が天命思想に傾倒していたことは、彼の和風諡号「天命《あめみこと》開《ひらかす》別《わけ》天皇」によっても知ることができる。死後に献上されたこの名前は、「受命開基」、「受命開国」(新唐書)といった漢語を含意するのだろう。彼は六年の称制を経て即位したが、このとき天命を受けたと称したらしい。

壬申の乱によって王位を得た天武天皇もこの戦いを革命に擬えたとみられる。天武は自らを漢の高祖に擬え、その故事にならって紅の旗を戦いに用いた。戦後もたびたび祥瑞を利用して政権の正当性を強調した。

しかし天武朝の後半・持統朝ころから、こうした中国思想によって政権を正当づける思想の一方で、神話的な万世一系の皇統観に基づくイデオロギーが力を増していった。天照大御神を皇祖神として位置づけ、その子孫が高天原から降臨してのちの天皇家の祖となったといった神話が確立したのはこのころのことらしい。

天命思想は、天帝の意思による易姓革命を肯定する点が、日本の律令国家によって警戒されたのかもしれない。それでも倭国の大王が天皇へと脱皮していくうえでこうした中国的な思想の装いをまとったことは、のちの天皇の歴史に少なからぬ影響をもたらした。その出発点に蘇我氏誅滅が関わっていたのである。

蘇我氏と日本の古代

第二章で私は、従来の天皇中心の歴史の見方に対し、「蘇我氏あっての王権」という視点のあることを紹介した。五世紀の末から六世紀初めまで混迷し、弱体化していた大和政権は、蘇我氏との提携によって息を吹き返した。屯倉で導入された戸籍などの先進的な支配方式も、仏教という普遍的な大陸文明も、官僚制も、飛鳥という都市も、みな蘇我氏が育て上げた果実であった。これらを王権は蘇我氏を通して導入した。

その蘇我氏を王権は滅ぼし、彼らが育て上げた果実をすべて（清張の言葉を借りれば）「横どり」した。蘇我氏の配下にいた渡来人たちも、僧旻というブレーンも、王権は「横どり」した。

その後の古代国家の繁栄はそのうえにある。

　蘇我氏が強大化の一途をたどり、将来大王を越えんとする勢いを見せつつあった状況からすれば、両者の対決はいずれは避けられないことだったのかもしれない。王権の側にも、舒明朝以後は蘇我氏の桎梏から抜け出て、新たな権威を確立しようとする志向性が芽生えてきていた。ただ採られた対決の方法は、非合法な騙し討ちであった。血気に逸る若者たちによって、手段を選ばぬ方法が採られた。改新政府は、この流血の政変を天命思想によって覆い隠し、蘇我氏の専横を強調することでその誅滅を正当化した。これが『日本書紀』の大きな主題であるといってもいいだろう。

　それにしても、クーデターの正当化のために天命をもちだすということは、事実上の革命といってもいい。当時の人々にとって、それくらい蘇我氏は巨大な存在だったということだろう。クーデター直後の大槻の下の誓盟を読んでも、政敵を滅ぼした彼らの喜びよりも、前途への不安や重圧のほうが切実に感じられた。

　甘樫岡から火の手が見えたとき、飛鳥寺にいた中大兄や鎌足は、初めて自分たちの倒した相手の巨大さをひしひしと感じたのではなかったろうか。蘇我氏の力なくしてこの一世紀半の大和政権の発展は有りえなかった。そのことに今さらながら気づいたのではないだろうか。紅く照らされたふたりの貌は、行く手の困難を予見して固くこわばっていたに違いないと私は思う。

そのふたりを見下ろしながら、炎に包まれた蝦夷邸はゆっくりと燃え尽きていった。

甘樫岡東麓遺跡

この稿を書き終え印刷を待っていた二〇〇五年十一月十三日、大きなニュースが飛び込んできた。奈良文化財研究所が、甘樫岡の東麓から五棟の建物跡を発掘したというのである。翌朝の新聞には「蘇我入鹿邸か、遺構出土」という大きな見出しが一面トップで報じられた。

甘樫岡東麓遺跡の遺構（奈良文化財研究所）

建物は甘樫岡に入り込んだ谷を大規模に造成したもので、このうち一つは幅一〇・五メートル、奥行き三・六メートルの規模をもち、直径二〇〜三〇センチの柱穴が並んでいたという。これらの建物は倉庫とみられるが、焼けた壁土や炭が埋まっていたことから、最後は焼失したとみられる。

十二年ほど前にも、この付近から焼けた建築部材や土器片、壁土などが発見されたことがあった。今回発掘された土器の編年からも、七世紀半ばに造られ、最後は炎上した蝦夷・入鹿邸の一部と見て間違いないであろう。

現地見学会の十六日は予定していた仕事があったので、私はやむをえずその前日にここを訪れた。翌日は三千人の人が集まったそうだが、この日の飛鳥は思ったよりひっそりとしていた。いつものようにまず飛鳥寺を訪れ、その後に甘樫岡を登り、発掘現場に至った。そこはえぐられたような谷の麓で、背後は崖状になっているやや薄暗い場所だった。翌日の説明会を控えてそこここにロープが張られていたが、背伸びをすると柱穴の列がきれいに見えた。私は持参した『日本書紀』の文庫本を鞄から出し、あらためて読んでみた。


冬十一月に、蘇我大臣蝦夷・児入鹿臣、家を甘樫岡に双べ起つ。大臣の家を称《よ》びて上の宮門といふ。入鹿が家をば、谷の宮門〔谷、此を波佐麻と云ふ〕といふ。男女を称びて王子といふ。家の外に城柵を作り、門の傍に兵庫を作る。門毎に水盛るる舟一つ、木鉤数十を置きて、火の災ひに備ふ。恒に力人をして兵を持ちて家を守らしむ。(「皇極紀」三年十一月条)

甘樫岡の東斜面には、谷のように大きく湾曲した部分が二箇所みとめられる。今回調査されたのはその南側のほうだが、もうひとつの北側の谷こそが入鹿の邸宅「谷の宮門」のあったところではないだろうか。そう考えると、蝦夷の「上の宮門」というのはそのさらに北、飛鳥寺とちょうど正対する甘樫岡の頂上部にあったと考えるのが妥当だろう。今回の調査地は、さしずめ「家の外に城柵を作り、門の傍に兵庫を置く」と書かれた場所のひとつであろうか。新聞には、甘樫岡全体が要塞だったのではないかという仮説が載っていたが、あるいはそうかもしれない。さらなる今後の調査が期待される。

甘樫岡の遺跡を見た後、ゆっくり北へ歩いて飛鳥寺のあるあたりに戻ってきた。私はもう一度入鹿の首塚の前に立って甘樫岡の山頂を眺めてみた。すでに晩秋の太陽が少しずつ翳りを見せ始める時刻になっていたが、それでも立ち去り難く首塚のあたりを低徊していると、農作業を終えた老人がかたわらを通り過ぎていくのが目に入った。腰にぶら下げたラジオからは雑音混じりに今日のニュースが流れている。それはこの日に予定されていた皇室の慶事が、滞りなく執り行なわれたことを伝えていた。思いがけず現代に引き戻された私は、一種不思議な感覚に捕らわれた。

今から千三百六十余年前、この地で蘇我蝦夷・入鹿は滅ぼされ、大化改新政権が発足した。

しかしもしこのクーデターが成功していなかったら、その後の天皇の歴史はどうなったであろう。少くともいま私の耳に飛び込んできたニュースも聞くことはなかったに違いない。今日まで続く歴史の勝者と敗者がかつてこの地で分かたれ、以来蘇我氏は逆賊の汚名を被り続けることとなった。後世の人々が彼らの育てあげた果実に目を向け、忘れ去られていた彼らの功績を思い出そうとするようになったのは、長い歴史から言えばつい近年のことにすぎない。それにしても何と時間のかかったことか。とりとめもなくそんなことに思いをめぐらしているうちに、あの老人の背中は夕暮れの中に、もうずいぶん遠いところへ行っていた。

おわりに

二〇〇三年の三月の末、たまたま訪れた奈良県立橿原考古学研究所附属博物館で、一枚のチラシが目に入った。北九州市立松本清張記念館主催の第五回松本清張研究奨励事業の応募要項である。早速応募したところ、どういうわけか幸いにも選んでいただいた。テーマは清張も生前深い関心を抱いていた蘇我氏である。

松本清張の作品は、推理小説はもちろん『古代史疑』を始め古代史に関するものも色々と読んでいたが、この大作家の名前を冠した奨励金がいただけるとは夢にも思わなかった。小倉で行なわれた授賞式では、記念館の藤井康栄館長、選考委員の平岡敏夫先生、半藤一利先生など錚々たる方々とお会いできて感激した。

私にとって長く仰ぎ見る存在であった松本清張が、こうして近年にわかに身近な存在になった。いまあらためて清張の自伝的作品『半生の記』を読むと、四十三歳で芥川賞をとるまでの地を這うような彼の前半生に慄然たる思いがする。今私は四十三歳だが、彼の労苦を思えば軽々に自分を不遇と思ってはいけないと悟った。

松本清張は早くから蘇我氏の重要性を指摘していた。しかし彼は、学界においてこの氏族の研究が進んでいないことも厳しく指摘している。初めて蘇我氏の研究を専門的に行なったのは日野昭氏であるが、その後もしばらくはこの豪族を専門にする研究者はいなかった。

この点をとらえて松本清張は、『清張通史』第五巻「壬申の乱」(一九七九年)の末尾に以下のように記している。

蘇我氏の研究は、ほとんど日野昭氏が主としておこなっている観がある。蘇我氏の研究では、歴史学界の「主流派」ともいうべき東京大学・京都大学、または早稲田大学などの教授たちに本格的な論文がないのである。

これも未だに書紀による蘇我馬子の抹殺が響いているためだろうか。

ここで名前を挙げられている龍谷大学名誉教授日野昭氏は、私の学生時代からの指導教授である。先生に尋ねたが、清張とお会いになったことはなく、書簡の遣り取りも全くなかったそうだ。それでも右の文章からすれば、清張は蘇我氏研究を地道に続けてきた私の恩師に対し、或る敬意と共感を抱いていたように思われる。

奨励研究は二〇〇四年五月、論文にまとめ、清張記念館に提出した。これに改めて検討を加え、内容を膨らませて一書としたのが本書である。お世話いただいた清張記念館、奨励事業に選んでいただいた選考委員の先生方に改めて感謝したい。

また記念館では、二〇〇四年三月、北九州市で開館五周年記念行事と共に、シンポジウム「蘇我氏と日本の古代〜「逆賊」の実像を探る〜」が開催された。直木孝次郎先生に御講演をいただき、私の司会で加藤謙吉氏、亀井輝一郎氏、辰巳和弘氏、平林章仁氏に討論をお願いした。蘇我氏をテーマとしたシンポジウムは、おそらくこれまで開かれたことはなかったであろう。私にとってもたいへん有意義な勉強の場となり、本書を書くにあたって随分啓発をうけた。直木先生を始め、ご参加いただいた先生方にも感謝申し上げたい。

そして末筆ではあるが、本書を恩師であり蘇我氏研究の先達である日野昭先生に捧げたいと思う。未熟な内容にお叱りを受けるかもしれないが、ご高評を仰ぎ、改めて研究に精進したい。

水谷千秋

二〇〇五年晩秋

〈参考文献〉

はじめに

日野昭『日本古代氏族伝承の研究』（永田文昌堂、一九七一年）
『日本古代氏族伝承の研究　続篇』（永田文昌堂、一九八二年）
坂口安吾「飛鳥の幻」（『文藝春秋』昭和二十六年六月特別号）

第一章

津田左右吉『日本古典の研究』（岩波書店、一九四八・五〇年）
志田諄一『古代氏族の性格と伝承』（雄山閣、一九七二年）
岸俊男「たまきはる内の朝臣」（『日本古代政治史研究』塙書房、一九六六年）
日野昭「蘇我氏と天皇家」（前之園亮一・武光誠編『古代天皇のすべて』新人物往来社、一九八八年）
直木孝次郎「神功皇后伝説の成立」（『日本古代の氏族と天皇』塙書房、一九六四年）
「厩戸皇子の立太子について」（『飛鳥奈良時代の研究』塙書房、一九七五年）
塚口義信『ヤマト王権の謎をとく』（学生社、一九九三年）

河上邦彦『飛鳥を掘る』（講談社選書メチエ、二〇〇三年）

第二章

門脇禎二「蘇我氏の出自について」（『日本のなかの朝鮮文化』第一二号、一九七一年）
『「大化改新」史論』（思文閣出版、一九九一年）
鈴木靖民「木満致と蘇我氏」（『日本のなかの朝鮮文化』第五一号、一九八一年）
山尾幸久『日本国家の形成』（岩波新書、一九七七年）
「蘇我氏の発展」（黛弘道編『蘇我氏と古代国家』吉川弘文館、一九九一年）
加藤謙吉『蘇我氏と大和王権』（吉川弘文館、一九八三年）
坂元義種「木満致と木（劦）満致と蘇我満智」（『韓』一一六号、一九八九年）
日野昭「蘇我氏の本貫について〜とくに『三代実録』の記事の解釈をめぐって〜」（『史心』第九号、一九八六年）
遠山美都男『大化改新』（中公新書、一九九三年）
「蘇我氏と天皇家」（前掲）

第三章

関晃『帰化人』（至文堂、一九五六年）

塚口義信「蘇我氏は渡来系の豪族か」（別冊歴史読本『続謎の歴史書「古事記」「日本書紀」』新人物往来社、一九八七年）
松本清張『清張通史』第五巻（講談社、一九七九年）
加藤謙吉『大和政権と古代氏族』（吉川弘文館、一九九一年）
『大和の豪族と渡来人』（吉川弘文館、二〇〇二年）
『秦氏とその民』（白水社、一九九八年）
『大和政権とフミヒト制』（吉川弘文館、二〇〇二年）
井上光貞「王仁の後裔氏族と其の仏教」（『日本古代思想史の研究』岩波書店、一九八二年）
吉田晶「渡来系氏族の定着とその役割」（『羽曳野市史』第一巻、一九九七年）
和田萃「河内の古代仏教」（『藤井寺市史』第一巻、一九九七年）
「船氏の人々」（『ものがたり日本列島に生きた人たち』第三巻「文書と記録」上、岩波書店、二〇〇〇年）
鎌田元一『律令公民制の研究』（塙書房、二〇〇一年）
岸俊男「日本における『戸』の源流」（『日本古代籍帳の研究』塙書房、一九七三年）
日野昭「蘇我氏の部民支配」（『日本古代氏族伝承の研究』前掲）
平野邦雄『大化前代社会組織の研究』（吉川弘文館、一九六九年）

第四章

加藤謙吉「中央豪族の仏教受容とその史的意義」（川岸宏教編『論集日本仏教史』第一巻、雄山閣、一九八九年）
日野昭『日本古代氏族伝承の研究』（前掲）
「六世紀における氏族の動向～仏教受容について～」（『末永先生米寿記念献呈論文集』坤、一九八五年）
田村圓澄「日本古代国家と宗教」（『仏教伝来と古代日本』講談社学術文庫、一九八六年）
直木孝次郎「定恵の渡唐について」（『古代史の窓』学生社、一九八二年）
横田健一「藤原鎌足と仏教」（『白鳳天平の世界』創元社、一九七三年）
熊谷公男『大王から天皇へ』（「日本の歴史」第三巻、講談社、二〇〇一年）
薗田香融「東アジアにおける仏教の伝来と受容」（「関西大学東西学術研究所紀要」第二二輯、一九八九年）
本郷真紹「仏教伝来」（吉村武彦編『古代を考える　継体・欽明朝と仏教伝来』吉川弘文館、一九九九年）
安井良三「物部氏と仏教」（三品彰英編『日本書紀研究』第三冊、塙書房、一九六八年）
山本昭「河内竜華寺と渋川寺」（藤澤一夫先生古稀記念『古文化論叢』一九八三年）
奈良文化財研究所『飛鳥寺発掘調査報告』（一九五八年）

松木裕美「飛鳥寺の創建過程」（坂本太郎博士頌寿記念『日本史学論集』一九八三年）
森郁夫『日本古代寺院造営の研究』（法政大学出版局、一九九八年）
上川通夫「ヤマト国家時代の仏教」（『古代文化』四六巻四号、一九九四年）
塚口義信「蘇我・物部崇仏排仏論争」（『四天王寺』六四一号、一九九五年）

第五章

坂本太郎『聖徳太子』（吉川弘文館、一九七九年）
西本昌弘「東アジアの動乱と大化改新」（『日本歴史』第四六八号、一九八七年）
西嶋定生『日本歴史の国際環境』（東京大学出版会、一九八五年）
池田温「裴世清と高表仁」（『東アジアの文化交流史』吉川弘文館、二〇〇二年）
石母田正『日本の古代国家』（岩波書店、一九七一年）
日野昭「蘇我氏の部民支配」（前掲）
加藤謙吉『蘇我氏と大和王権』（前掲）
黛弘道「冠位十二階考」（『律令国家成立史の研究』吉川弘文館、一九八二年）
井上光貞「冠位十二階とその史的意義」（『日本古代国家の研究』岩波書店、一九六五年）

第六章

石母田正『日本の古代国家』(前掲)
亀井輝一郎「上宮王家と中大兄皇子」(横田健一先生古稀記念会編『日本書紀研究』第十五冊、塙書房、一九八七年)
薗田香融「律令国郡政治の成立過程〜国衙と土豪との政治関係〜」(『日本古代財政史の研究』塙書房、一九八一年)
米澤康「コホリの史的性格」(「藝林」第六巻一号、一九五五年)
鎌田元一「評制施行の歴史的前提」(『律令公民制の研究』前掲)
松本清張『清張通史』第五巻(前掲)
拙稿「僧旻と蘇我氏」(「仏教史学研究」第三六巻二号、一九九三年)
「僧旻とその周辺」(「仏教史研究」第三三号、一九九七年)
安居香山『緯書と中国の神秘思想』(平河出版社、一九八八年)
日原利国「災異と讖緯〜漢代思想へのアプローチ〜」(『漢代思想の研究』研文出版、一九八六年)
板野長八『儒教成立史の研究』(岩波書店、一九九五年)
田村圓澄「陰陽寮成立以前」(「史淵」第八二輯、一九六〇年)
直木孝次郎「官人制の展開」(『飛鳥奈良時代の考察』高科書店、一九九六年)

北山茂夫「大化改新への政治過程」(『明日香風』第七号、一九八三年)
山尾幸久『古代の日朝関係』(塙書房、一九八九年)
奈良文化財研究所『吉備池廃寺発掘調査報告~百済大寺跡の調査~』(二〇〇三年)
平林章仁『蘇我氏の実像と葛城氏』(白水社、一九九六年)
『七世紀の古代史』(白水社、二〇〇二年)

第七章

二葉憲香『古代仏教思想史研究』(永田文昌堂、一九六二年)
『日本古代仏教史の研究』(永田文昌堂、一九八四年)
関晃「律令国家と天命思想」(『関晃著作集』第四巻、吉川弘文館、一九九七年)
早川庄八「律令国家・王朝国家における天皇」(『天皇と古代国家』講談社学術文庫、二〇〇〇年)

水谷千秋（みずたに　ちあき）

1962年、滋賀県大津市生まれ。龍谷大学大学院文学研究科博士後期課程単位取得（国史学）。博士（文学）。現在、堺女子短期大学准教授、龍谷大学非常勤講師。日本古代史、日本文化史専攻。著書に『継体天皇と古代の王権』（和泉書院）、『謎の大王継体天皇』『女帝と譲位の古代史』（文春新書）、『継体大王とその時代』（共著、和泉書院）がある。

文春新書

495

謎《なぞ》の豪族《ごうぞく》　蘇我氏《そがし》

2006年（平成18年）3月20日　第1刷発行
2009年（平成21年）1月15日　第7刷発行

著　者　水谷千秋
発行者　細井秀雄
発行所　株式会社　文藝春秋

〒102-8008　東京都千代田区紀尾井町3-23
電話（03）3265-1211（代表）

印刷所　理想社
付物印刷　大日本印刷
製本所　大口製本

定価はカバーに表示してあります。
万一、落丁・乱丁の場合は小社製作部宛お送り下さい。
送料小社負担でお取替え致します。

ISBN4-16-660495-3

◆日本の歴史

日本神話の英雄たち　林 道義
日本神話の女神たち　林 道義
ユングでわかる日本神話　林 道義
古墳とヤマト政権　白石太一郎
一万年の天皇　上田 篤
謎の大王 継体天皇　水谷千秋
謎の豪族 蘇我氏　水谷千秋
女帝と譲位の古代史　水谷千秋
孝明天皇と「一会桑」　家近良樹
四代の天皇と女性たち　小田部雄次
対論 昭和天皇　原 武史・保阪正康
平成の天皇と皇室　高橋 紘
皇位継承　高橋 紘・所 功
美智子皇后と雅子妃　福田和也
ミッチー・ブーム　石田あゆう

＊

旧石器遺跡捏造　河合信和
消された政治家 菅原道真　平田耿二
江戸の都市計画　童門冬二
江戸のお白州　山本博文
徳川将軍家の結婚　山本博文
江戸城・大奥の秘密　安藤優一郎
旗本夫人が見た江戸のたそがれ　深沢秋男
伊勢詣と江戸の旅　金森敦子
甦る海上の道・日本と琉球　谷川健一
合戦の日本地図　武光 誠・合戦研究会
大名の日本地図　中嶋繁雄
名城の日本地図　西ヶ谷恭弘・日弁貞夫
県民性の日本地図　武光 誠
宗教の日本地図　武光 誠
黄門さまと犬公方　山室恭子
倭 館　田代和生
高杉晋作　一坂太郎
白虎隊　中村彰彦
新選組紀行　中村彰彦・神長文夫

＊

岩倉使節団という冒険　泉 三郎
福沢諭吉の真実　平山 洋
元老 西園寺公望　伊藤之雄
渋沢家三代　佐野眞一
明治のサムライ　太田尚樹
日露戦争 勝利のあとの誤算　黒岩比佐子
鎮魂 吉田満とその時代　粕谷一希
大正デモグラフィ　速水 融・小嶋美代子
旧制高校物語　秦 郁彦
日本を滅ぼした国防方針　黒野 耐
ハル・ノートを書いた男　須藤眞志
日本のいちばん長い夏　半藤一利編
昭和陸海軍の失敗　半藤一利・秦 郁彦・平間洋一・保阪正康・黒野 耐・戸高一成・戸部良一・福田和也
昭和史の論点　坂本多加雄・秦 郁彦・半藤一利・保阪正康
昭和史の怪物たち　畠山 武
昭和の名将と愚将　半藤一利・保阪正康

昭和史入門　保阪正康
昭和十二年の「週刊文春」　菊池信平編
昭和二十年の「文藝春秋」　文春新書編集部編
「昭和80年」戦後の読み方　中曾根康弘・西部邁・松井孝典・松本健一
二十世紀 日本の戦争　阿川弘之・猪瀬直樹・中西輝政・秦 郁彦・福田和也
零戦と戦艦大和　半藤一利・秦 郁彦・前間孝則・鎌田伸一・戸髙一成・江畑謙介・兵頭二十八・福田和也・清水政彦
十七歳の硫黄島　秋草鶴次
特攻とは何か　森 史朗
銀時計の特攻　江森敬治
日本兵捕虜は何をしゃべったか　山本武利
幻の終戦工作　竹内修司
東京裁判を正しく読む　牛村 圭・日暮吉延
誰も「戦後」を覚えていない　鴨下信一
誰も「戦後」を覚えていない［昭和20年代後半篇］　鴨下信一
あの戦争になぜ負けたのか　半藤一利・保阪正康・中西輝政・戸髙一成・福田和也・加藤陽子
戦後10年 東京の下町　京須偕充
米軍再編と在日米軍　森本 敏
一九七九年問題 同時代も歴史である　坪内祐三

プレイバック1980年代　村田晃嗣
シェーの時代　泉 麻人

＊

歴史人口学で見た日本　速水 融
コメを選んだ日本の歴史　原田信男
閨閥の日本史　中嶋繁雄
名前の日本史　紀田順一郎
骨肉 父と息子の日本史　森下賢一
名歌で読む日本の歴史　松崎哲久
名字と日本人　武光 誠
日本の童貞　渋谷知美
日本の偽書　藤原 明
明治・大正・昭和 30の「真実」　三代史研究会
明治・大正・昭和史 話のたね100　三代史研究会
真説の日本史 365日事典　楠木誠一郎
日本文明77の鍵　梅棹忠夫編著
「悪所」の民俗誌　沖浦和光
旅芸人のいた風景　沖浦和光

貧民の帝都　塩見鮮一郎
史実を歩く　吉村 昭
手紙のなかの日本人　半藤一利
平成人（フラット・アダルト）　酒井 信

◆世界の国と歴史

民族の世界地図　21世紀研究会編
新・民族の世界地図　21世紀研究会編
地名の世界地図　21世紀研究会編
人名の世界地図　21世紀研究会編
常識の世界地図　21世紀研究会編
イスラームの世界地図　21世紀研究会編
色彩の世界地図　21世紀研究会編
食の世界地図　21世紀研究会編
法律の世界地図　21世紀研究会編
国旗・国家の世界地図　21世紀研究会編
ローマ人への20の質問　塩野七生
ローマ教皇とナチス　大澤武男
物語　古代エジプト人　松本　弥
物語　オランダ人　倉部　誠
物語　イギリス人　小林章夫
ドリトル先生の英国　南條竹則
森と庭園の英国史　遠山茂樹
フランス7つの謎　小田中直樹
ロシア　闇と魂の国家　亀山郁夫　佐藤　優
パレスチナ　芝生瑞和
イスラーム世界の女性たち　白須英子
不思議の国サウジアラビア　竹下節子
ハワイ王朝最後の女王　猿谷　要

＊

空気と戦争　猪瀬直樹
戦争学　松村　劭
新・戦争学　松村　劭
名将たちの戦争学　松村　劭
ゲリラの戦争学　松村　劭
戦争の常識　鍛冶俊樹
戦争指揮官リンカーン　内田義雄
ミサイル不拡散　松本　太
二十世紀をどう見るか　野田宣雄

＊

歴史とはなにか　岡田英弘
歴史の作法　山内昌之
大統領とメディア　石澤靖治
セレブの現代史　海野　弘

(2008. 12) B

◆アジアの国と歴史

- 権力とは何か 中国七大兵書を読む　安能 務
- 中国人の歴史観　劉 傑
- 中国の隠者　井波律子
- 乾隆帝　中野美代子
- 蔣介石　保阪正康
- 中国の軍事力　平松茂雄
- もし、日本が中国に勝っていたら　趙 無眠 富坂聰訳
- 「南京事件」の探究　北村 稔
- 旅順と南京　一ノ瀬俊也
- 百人斬り裁判から南京へ　稲田朋美
- 若き世代に語る日中戦争　伊藤桂一 野田明美
- 中国はなぜ「反日」になったか　清水美和
- 新しい中国 古い大国　佐藤一郎
- 中国共産党 葬られた歴史　譚 璐美
- 新華僑 老華僑　譚璐美 劉 傑
- 中華料理四千年　譚 璐美
- 中国艶本大全　土屋英明
- 中国雑話 中国的思想　酒見賢一
- 中国を追われたウイグル人　水谷尚子
- 上海狂想曲　高崎隆治
- 笑う中国人 毒入り中国ジョーク集　相原 茂

＊

- 韓国人の歴史観　黒田勝弘
- 〝日本離れ〟できない韓国　黒田勝弘
- 韓国併合への道　呉 善花
- 竹島は日韓どちらのものか　下條正男
- 在日韓国人の終焉　鄭 大均
- 在日・強制連行の神話　鄭 大均
- 韓国・北朝鮮の嘘を見破る 近現代史の争点30　鄭 大均 古田博司編著
- 歴史の嘘を見破る 日中近現代史の争点35　中嶋嶺雄編著
- 物語 韓国人　田中 明
- 「冬ソナ」にハマった私たち　林 香里
- テポドンを抱いた金正日　鈴木琢磨
- 北朝鮮 拉致と核と餓死の国　萩原 遼
- 中国が予測する〝北朝鮮崩壊の日〟　綾野 富坂聰編
- 北朝鮮・驚愕の教科書　宮塚利雄 宮塚寿美子
- 東アジア「反日」トライアングル　古田博司
- 新脱亜論　渡辺利夫

◆経済と企業

マネー敗戦　吉川元忠
情報エコノミー　吉川元忠
強欲資本主義 ウォール街の自爆　神谷秀樹
黒字亡国 対米黒字が日本経済を殺す　三國陽夫
ヘッジファンド　浜田和幸
石油の支配者　浜田和幸
金融工学、こんなに面白い　野口悠紀雄
金融商品取引法　渡辺喜美
投資信託を買う前に　伊藤雄一郎
定年後の8万時間に挑む　加藤 仁
人生後半戦のポートフォリオ　水木 楊
知的財産会計　二村隆章 岸 宣仁
サムライカード、世界へ　湯谷昇羊
霞が関埋蔵金男が明かす「お国の経済」　髙橋洋一
「証券化」がよく分かる　井出保夫
臆病者のための株入門　橘 玲

人生と投資のパズル　角田康夫
企業危機管理 実戦論　田中辰巳
企業再生とM&Aのすべて　藤原総一郎
企業コンプライアンス　後藤啓二
敵対的買収を生き抜く　津田倫男
自動車 合従連衡の世界　佐藤正明
企業合併　箭内 昇
日本企業モラルハザード史　有森 隆
ちょいデキ!　青野慶久
熱湯経営　樋口武男
オンリーワンは創意である　町田勝彦
本田宗一郎と「昭和の男」たち　片山 修
「強い会社」を作る ホンダ連邦共和国の秘密　赤井邦彦
インド IT革命の驚異　榊原英資
ハリウッド・ビジネス　ミドリ・モール
中国経済 真の実力　森谷正規
「俺様国家」中国の大経済　山本一郎
情報革命バブルの崩壊　山本一郎

中国ビジネスと情報のわな　渡辺浩平

＊

ネットバブル　有森 隆
石油神話　藤 和彦
エコノミストは信用できるか　東谷 暁
悪徳商法　大山真人
コンサルタントの時代　鴨志田 晃
高度経済成長は復活できる　増田悦佐
デフレはなぜ怖いのか　原田 泰
都市の魅力学　原田 泰
団塊格差　三浦 展
ポスト消費社会のゆくえ　辻井 喬 上野千鶴子

(2008. 12) C

"It cant be" is a Shingo's love song from [Drink! Smap!] album.
You can find his many common phrases with this song.
Sing it and discover the meaning.

※1. Repeat

What are you talking about

We should finish what we started

Are you leaving already, don't play hard to get

I'll make your dreams come true, I'm serious

There's no turning back, I know that much

※2. Repeat

※4. If I don't have you

How can I live this life?

Give me one more chance

So please give me a clue

If I don't have you

Who'll be the light of my life?

※1. Repeat

※2. Repeat

※3. Repeat

※1. Repeat

※4. Repeat

※1. Repeat

※2. Repeat

BERABERA BOOK-2.5
ベラベラブック-2.5

Special thanks to /
Asahi National Broadcasting Co.,Ltd.
Johnny & Associates
The [SmaSTATION-2] staff
Hideta Takahata

English consultant / Garthe Nelson

Book design / Hosoyamada Design Office

Logo design /
Kashiwa Sato（SAMURAI）

KATAKANA font（Astro-KT）/
Masayuki Sato（Maniackers Design）

Photographer / Youichi Kamiyama

Stylist / Ikuko Utsunomiya, Akino Kurosawa

Hair & Make-up / Isao Kikuchi

2003年1月9日　第1刷発行

著者／SmaSTATION-2
発行者／石崎 孟
発行所／株式会社マガジンハウス
〒104-8003　東京都中央区銀座 3-13-10
販売部　TEL 03 (3545) 7130
編集部　TEL 03 (3545) 7030
印刷・製本所／大日本印刷株式会社
DTP製版／株式会社ローヤル企画

ISBN4-8387-1430-0 C0076
乱丁本・落丁本は小社販売部宛にお送りください。
送料小社負担でお取り替えいたします。
定価は表紙と帯に表示してあります。